Quick Guide

Reihe herausgegeben von
Springer Fachmedien Wiesbaden
Wiesbaden, Deutschland

Quick Guides liefern schnell erschließbares, kompaktes und umsetzungsorientiertes Wissen. Leser erhalten mit den Quick Guides verlässliche Fachinformationen, um mitreden, fundiert entscheiden und direkt handeln zu können.

Christian Piovano · Carsten Schucht · Gerhard Wiebe

Quick Guide: Produktbeobachtung in der Digitalisierung

Wie Sie Product Compliance bei der Beobachtung der digitalisierten Produktwelt gewährleisten

Christian Piovano
Friedrichshafen, Deutschland

Carsten Schucht
Die Produktkanzlei
Berlin, Deutschland

Gerhard Wiebe
Die Produktkanzlei
Berlin, Deutschland

ISSN 2662-9240	ISSN 2662-9259 (electronic)
Quick Guide
ISBN 978-3-658-41036-0	ISBN 978-3-658-41037-7 (eBook)
https://doi.org/10.1007/978-3-658-41037-7

Die Deutsche Nationalbibliothek verzeichnet diese Publikation in der Deutschen Nationalbibliografie; detaillierte bibliografische Daten sind im Internet über https://portal.dnb.de abrufbar.

© Der/die Herausgeber bzw. der/die Autor(en), exklusiv lizenziert an Springer Fachmedien Wiesbaden GmbH, ein Teil von Springer Nature 2023
Das Werk einschließlich aller seiner Teile ist urheberrechtlich geschützt. Jede Verwertung, die nicht ausdrücklich vom Urheberrechtsgesetz zugelassen ist, bedarf der vorherigen Zustimmung des Verlags. Das gilt insbesondere für Vervielfältigungen, Bearbeitungen, Übersetzungen, Mikroverfilmungen und die Einspeicherung und Verarbeitung in elektronischen Systemen.
Die Wiedergabe von allgemein beschreibenden Bezeichnungen, Marken, Unternehmensnamen etc. in diesem Werk bedeutet nicht, dass diese frei durch jedermann benutzt werden dürfen. Die Berechtigung zur Benutzung unterliegt, auch ohne gesonderten Hinweis hierzu, den Regeln des Markenrechts. Die Rechte des jeweiligen Zeicheninhabers sind zu beachten.
Der Verlag, die Autoren und die Herausgeber gehen davon aus, dass die Angaben und Informationen in diesem Werk zum Zeitpunkt der Veröffentlichung vollständig und korrekt sind. Weder der Verlag, noch die Autoren oder die Herausgeber übernehmen, ausdrücklich oder implizit, Gewähr für den Inhalt des Werkes, etwaige Fehler oder Äußerungen. Der Verlag bleibt im Hinblick auf geografische Zuordnungen und Gebietsbezeichnungen in veröffentlichten Karten und Institutionsadressen neutral.

Planung/Lektorat: Irene Buttkus
Springer Gabler ist ein Imprint der eingetragenen Gesellschaft Springer Fachmedien Wiesbaden GmbH und ist ein Teil von Springer Nature.
Die Anschrift der Gesellschaft ist: Abraham-Lincoln-Str. 46, 65189 Wiesbaden, Germany

Vorwort

Vor dem Hintergrund rasanter technischer Entwicklungen bei smarten Produkten und der stets komplexeren rechtlichen Anforderungen an ihre Produktbeobachtung möchten wir den Leserinnen und Lesern jene rechtlichen Aspekte näherbringen, die für einen erfolgreichen Umgang mit der Produktbeobachtung bekannt sein sollten. Erfahrungsgemäß ist die Reichweite der Produktbeobachtungspflichten in zahlreichen Unternehmen ebenso unklar wie die damit einhergehenden Haftungs- und Compliance-Risiken in ihren Dimensionen unbekannt sind. So kann bspw. mit dem Wissen über Daten, die von smarten Produkten generiert und an den Hersteller gesendet werden, eine erhöhte (Hersteller-)Verantwortung in der Produktbeobachtung einhergehen. Oftmals bereitet auch der sichere Umgang mit sozialen Medien im Zusammenhang mit den eigenen Produkten oder die Frage Schwierigkeiten, inwieweit Software und Daten zu beobachten sind.

Das vorliegende Werk beruht auf zahlreichen Erfahrungen aus der anwaltlichen Beratungspraxis sowie aus Rechtsabteilungen von Konzernen und Unternehmen. Es soll ein nützlicher Leitfaden mit einer Vielzahl an praktischen Hinweisen und Hintergrundinformationen aus der Praxis für die Praxis sein. Das Ziel besteht vor allem darin, die Verantwortungsträger in den Unternehmen zu befähigen, rechtssicher in der komplexen Materie des Produktsicherheits- und Produkthaftungsrechts mit diesen aktuellen Herausforderungen bei der Umsetzung der Produktbeobachtungspflichten in einer digitalisierten Produktwelt umzugehen. Zugleich sollen sich die übrigen Rechtspraktiker (namentlich in den Behörden, Gerichten, Versicherungen und in der Anwaltschaft) einen Überblick über den aktuellen Stand der Diskussion verschaffen.

In Anbetracht der Vielzahl und Komplexität an Themen, welche die Produktbeobachtung in der Digitalisierung mit sich bringt, beansprucht das vorliegende Werk zwar keinen Anspruch auf Vollständigkeit. Die Autoren haben es sich aber zur Aufgabe gemacht, die Materie greifbar und in den einzelnen Abschnitten verständlich sowie übersichtlich darzustellen und der Leserschaft konkrete Maßstäbe und Praxisempfehlungen an die Hand zu geben. Dabei werden sogar aktuelle (europäische) Gesetzesvorhaben beleuchtet, die (teilweise) bisher nur im Entwurf vorliegen.

Wir wünschen Ihnen Freude sowie Erkenntnisgewinne bei der Lektüre und sind dankbar für Anregungen, Kritik und Ergänzungsvorschläge.

Friedrichshafen und Berlin
Januar 2023

Dr. Christian Piovano
info@piovano.de
Dr. Carsten Schucht
schucht@produktkanzlei.com
Dr. Gerhard Wiebe
wiebe@produktkanzlei.com

Inhaltsverzeichnis

1	Einleitung		1
2	Herleitung der Produktbeobachtungspflicht		7
	2.1	Öffentliches Recht	8
		2.1.1 Harmonisierter Bereich	8
		2.1.2 Nicht-harmonisierter Bereich	13
	2.2	Zivilrecht	16
		2.2.1 Produzentenhaftungsrecht	17
		2.2.2 Produkthaftungsrecht	27
	2.3	Verantwortlicher Personenkreis	28
		2.3.1 Hersteller	31
		2.3.2 Zulieferkette	32
		2.3.3 Quasi-Hersteller	33
		2.3.4 Importeur (Einführer)	33
		2.3.5 Händler	34
		2.3.6 Fulfilment-Dienstleister	35
		2.3.7 Betreiber einer Online-Plattform	36

2.3.8 Produzentenhaftungsrechtliche
Verkehrssicherungspflichten nach
§ 823 Abs. 1 BGB ... 38
Literatur ... 39

3 Rechtsfolgen beim Verstoß gegen die Produktbeobachtungspflicht ... 41
3.1 Öffentliches Recht ... 42
   3.1.1 Harmonisierter Bereich ... 42
   3.1.2 Nicht-harmonisierter Bereich ... 48
3.2 Zivilrecht ... 51
   3.2.1 Produzentenhaftungsrecht ... 51
   3.2.2 Produkthaftungsrecht ... 54
3.3 Strafrecht ... 55
Literatur ... 56

4 Reichweite der Produktbeobachtungspflicht ... 57
4.1 Einführung ... 58
4.2 Öffentlich-rechtliche Produktbeobachtungspflicht ... 59
   4.2.1 Harmonisierter Bereich ... 59
   4.2.2 Nicht-harmonisierter Bereich ... 61
   4.2.3 Abgrenzung ... 67
4.3 Zivilrechtliche Produktbeobachtungspflicht ... 67
   4.3.1 Aktive und passive Dimension ... 67
   4.3.2 Maßstab ... 69
   4.3.3 Zeitlicher Rahmen ... 74
Literatur ... 75

5 Smarte Produkte als Gegenstand der Produktbeobachtungspflicht ... 77
5.1 Konturen einer softwarebezogenen Produktbeobachtungspflicht ... 78
   5.1.1 Software als integraler Bestandteil des eigenen Produkts ... 78

5.1.2	Erstreckung der Produktbeobachtungspflicht auf digitale Zubehör- und smarte Kombinationsprodukte	79
5.1.3	Umfang und Umsetzung der softwarebezogenen Produktbeobachtungspflicht	88
5.2	Pflicht und Möglichkeiten zur Abwehr von (softwarebedingten) Gefahren bei smarten Produkten	94
5.2.1	Unterrichtung der Softwarezulieferer und Zubehörhersteller	96
5.2.2	Sicherheitsupdate der Software	97
5.2.3	Sicherheitswarnung	100
5.2.4	Remote-Sperrung und digitale Deaktivierung	102
Literatur		104

6 Produktbeobachtung und Haftung bei Datenkenntnis und im Zusammenhang mit Social Media — 107

6.1	Datenauswertung bei smarten Produkten	108
6.1.1	Einleitung	108
6.1.2	Abwägungskriterien	109
6.1.3	Grundsätze der Datenauswertung	110
6.2	Produktbeobachtung und Haftung für Social Media-Inhalte	114
6.2.1	Irreführende (Werbe-)Aussagen	115
6.2.2	Meldung von Produktproblemen	126
6.3	Einbindung von Datenintermediären in die Produktbeobachtung	127
6.3.1	Wesen und Funktion der Datenintermediäre	127
6.3.2	Chancen und Grenzen der Einbindung von Datenintermediären in die Produktbeobachtung	129
6.3.3	Originäre Produktbeobachtungspflicht der Datenintermediäre	131
Literatur		132

7	Datenschutz im Rahmen der Produktbeobachtung	135
7.1	Einführung	136
7.2	Rechtfertigung zur Datenerhebung und –verwendung	136
7.3	Personenbezug der Daten	137
7.4	Rechtsgrundlagen für die Rechtfertigung für die Datenverarbeitung	138
	7.4.1 Einwilligung	138
	7.4.2 Berechtigtes Interesse des Verwenders	140
	7.4.3 Rechtliche Verpflichtung	141
7.5	Verantwortlicher Wirtschaftsakteur	142
	Literatur	144

8	Ausblick	145
8.1	Maschinenverordnung	146
8.2	EU-Produktsicherheitsverordnung	151
	8.2.1 Produktbeobachtungspflicht der Hersteller	151
	8.2.2 Produktbeobachtungspflicht der Einführer	153
8.3	Cyber Resilience Act	155
8.4	KI-Verordnung	157
8.5	Automotive (UNECE R 155, R 156, R 157)	160
	Literatur	161

Stichwortverzeichnis 163

Abkürzungsverzeichnis

a.A.	anderer Ansicht
Abs.	Absatz
Abschn.	Abschnitt
ADMS	Automated Driving Management System
Art./Artt.	Artikel
Aufl.	Auflage
BAuA	Bundesanstalt für Arbeitsschutz und Arbeitsmedizin
BB	Betriebs-Berater (Zeitschrift)
BePr	Betriebliche Prävention (Zeitschrift)
BGH	Bundesgerichtshof
BGB	Bürgerliches Gesetzbuch
B2B	Business-to-Business
B2C	Business-to-Consumer
bspw.	beispielsweise
Buchst.	Buchstabe
bzw.	beziehungsweise
CCZ	Corporate Compliance Zeitschrift
CE	Conformité Européenne

CRA-E	Vorschlag einer Verordnung über horizontale Cybersicherheitsanforderungen für Produkte mit digitalen Elementen, den „Cyber Resilience Act" (COM(2022) 454 final)
CSMS	Cybersecurity-Managementsystem
DB	Der Betrieb (Zeitschrift)
ders.	derselbe
d.h.	das heißt
dies.	dieselben
DSGVO	Datenschutz-Grundverordnung
DVBl	Deutsches Verwaltungsblatt (Zeitschrift)
EG	Europäische Gemeinschaft
ENISA	Agentur der Europäischen Union für Cybersicherheit
EU	Europäische Union
EuGH	Europäischer Gerichtshof
EuZW	Europäische Zeitschrift für Wirtschaftsrecht
EWG	Europäische Wirtschaftsgemeinschaft
f.	folgende
ff.	fortfolgende
GewArch	Gewerbearchiv (Zeitschrift)
GG	Grundgesetz
ggf.	gegebenenfalls
grds.	grundsätzlich
GPSG	Gesetz über technische Arbeitsmittel und Verbraucherprodukte (Geräte- und Produktsicherheitsgesetz – GPSG)
GPSR	Verordnung (EU) 2023/988 (sog. EU-Produktsicherheitsverordnung)
Hrsg./hrsg.	Herausgeber/herausgegeben
HS.	Halbsatz
IoT	Internet of Things
IIoT	Industrial Internet of Things
InTeR	Zeitschrift zum Innovations- und Technikrecht
IP	Internetprotokoll
IT	Informationstechnologie
i.S.d.	im Sinne der/des
i.S.e.	im Sinne einer/eines
i.S.v.	im Sinne von

i.V.m.	in Verbindung mit
JA	Juristische Ausbildung (Zeitschrift)
Kap.	Kapitel
KI	Künstliche Intelligenz
KI-VO-E	Vorschlag für eine KI-Verordnung (COM(2021) 206 final)
KMU	Kleine und mittlere Unternehmen
Lkw	Lastkraftwagen
MAC	Media Access Code
m.a.W.	mit anderen Worten
MMR	Multimedia und Recht (Zeitschrift)
MVO-E	Vorschlag für eine Verordnung des Europäischen Parlaments und des Rates über Maschinenprodukte (COM(2021) 202 final)
MPDG	Gesetz zur Durchführung unionsrechtlicher Vorschriften betreffend Medizinprodukte (Medizinprodukterecht-Durchführungsgesetz – MDPG)
MüG	Gesetz zur Marktüberwachung und zur Sicherstellung der Konformität von Produkten (Marktüberwachungsgesetz – MüG)
MÜ-VO	Verordnung (EU) 2019/1020 (sog. EU-Marktüberwachungsverordnung)
NGO	Non-governmental organization
NJW	Neue Juristische Wochenschrift (Zeitschrift)
NLF	New Legislative Framework
Nr.	Nummer
NVwZ	Neue Zeitschrift für Verwaltungsrecht
NZV	Neue Zeitschrift für Verkehrsrecht
OECD	Organization for Economic Cooperation and Development
OEM	Original Equipment Manufacturer
o.g.	oben genannt
PHi	Produkthaftpflicht international (Zeitschrift)
ProdHaftG	Gesetz über die Haftung für fehlerhafte Produkte (Produkthaftungsgesetz – ProdHaftG)
ProdSG	Gesetz über die Bereitstellung von Produkten auf dem Markt (Produktsicherheitsgesetz – ProdSG)

ProdSV	Verordnung zum Produktsicherheitsgesetz
PSA	persönliche Schutzausrüstung
PSA-DG	Gesetz zur Durchführung der Verordnung (EU) 2016/425 des Europäischen Parlaments und des Rates vom 9. März 2016 über persönliche Schutzausrüstungen (PSA) und zur Aufhebung der Richtlinie 89/686/EWG des Rates (PSA-Durchführungsgesetz – PSA-DG)
RAPEX	Rapid Exchange of Information System
RDi	Recht Digital (Zeitschrift)
RG	Reichsgericht
RL	Richtlinie
Rn.	Randnummer
S.	Satz/Seite
sog.	sogenannte/sogenannter/sogenanntes
StGB	Strafgesetzbuch
SUMS	Softwareupdate-Managementsystem
u.a.	unter anderem
UDID	Unique Device Identifier
UNECE/UN/ECE	United Nations Economic Commission for Europe
Unterabs.	Unterabsatz
usw.	und so weiter
v.	von
vgl.	vergleiche
VO	Verordnung
z.B.	zum Beispiel
ZD	Zeitschrift für Datenschutz
ZdiW	Zeitschrift für das Recht der digitalen Wirtschaft
ZfPC	Zeitschrift für Product Compliance
z.T.	zum Teil

1
Einleitung

Zusammenfassung In der Einleitung wird das derzeitige industrielle Umfeld der Digitalisierung der Produktbeobachtung in den Fokus des Interesses gerückt. Dies ist bekanntlich seit Jahren durch die Industrie 4.0 und das Internet der Dinge (IoT) geprägt. Die Implikationen der technischen Entwicklungen auf die Verkehrssicherungspflichten der Wirtschaftsakteure nach dem Inverkehrbringen von (smarten) Produkten werden i.S.e. Problemaufrisses dargestellt. Im Übrigen werden die Inhalte des Buches in der gebotenen Kürze vorgestellt.

Die Digitalisierung von Produkten sowie produktgenerierte Daten lösten die vierte industrielle Revolution („Industrie 4.0") aus und führten sowohl zu neuen Geschäftsmodellen als auch zur Steigerung der Herstellerverantwortung. In diesem Umfeld sind weltweit neue digitale Märkte entstanden, die durch die Entwicklung und Verbreitung einer Reihe innovativer und sich weiterentwickelnder softwaregestützter Produkte und Produktionsprozesse angetrieben werden. Wesentlicher Bestandteil der Industrie 4.0 ist das Internet der Dinge (IoT), das durch das Zusammentreffen von Netzwerkkonnektivität, Machine-to-Machine-Verbindungen, in Produkten eingebetteter Software, Datenerfassung und -analyse (Big Data) sowie Technologien wie künstliche Intelligenz, Blockchain und Cloud Computing geprägt wird.

Vor dem Hintergrund der Bedeutung von Daten verwundert es nicht, dass die Jagd nach (produktbezogenen) Daten eröffnet ist und allseits neue „Datenkraken" entstehen. Allerdings lösen erlangte Daten – als Kehrseite des wirtschaftlichen Vorteils – (neue) Verantwortlichkeiten aus. Bspw. ist keinesfalls allen Wirtschaftsakteuren bewusst, dass eine größere Datenkenntnis eine gesteigerte Produktverantwortung bedingen kann. Dies gilt insbesondere mit Blick auf potenzielle Produkthaftungsrisiken im Zusammenhang mit der Verletzung der sog. Produktbeobachtungspflicht. Der Hersteller hat im Rahmen seiner Verkehrssicherungspflichten nicht nur die Sicherheit seiner Produkte im Zeitpunkt des Inverkehrbringens mit Blick auf Konstruktion, Fabrikation und Instruktion sicherzustellen. Vielmehr muss er nach der ständigen Rechtsprechung des Bundesgerichtshofs (BGH) ebenso bereits in Verkehr gebrachte Produkte kontinuierlich hinsichtlich ihrer sicherheitstechnischen Bewährung im Feld beobachten. Letztlich ist die Produktbeobachtung im Worst Case Mittel zum Zweck der effektiven Gefahrabwendung im Feld. Die Bedeutung der Produktbeobachtungspflicht nimmt mit Blick auf die Industrie 4.0 zu, weil smarte Produkte infolge digitaler Sicherheitsvorfälle fehlerhaft und unsicher werden können. Dabei ist in Rechnung zu stellen, dass diese zunehmend in der Lage sind, Entscheidungen ohne menschliches Zutun zu treffen, vorwegzunehmen und vorherzusagen oder ihre Funktionen selbst zu ändern. Im Folgenden werden unter smarten Produkten solche Produkte verstanden, die entweder mit dem Internet verbunden sind bzw. zumindest die Fähigkeit haben, mit dem Internet verbunden zu werden, oder die zum Zwecke der Funkkommunikation sonstige Funkwellen ausstrahlen und/oder empfangen (z. B. Bluetooth). Aufgrund dieser spezifischen Funktionalität kann ihr Verhalten, einschließlich ihrer Sicherheit, verändert werden. Holzschnittartig gibt es vier relevante Kategorien von Produkten und Dienstleistungen, die auf IoT-Technologien basieren: Dazu gehören erstens sog. wearables, zweitens Smart-Home-Geräte und -Anwendungen, drittens vernetzte Fahrzeuge und schließlich viertens vernetzte Produktionsmaschinen. Solche Produkte kombinieren häufig den Einsatz von Sensoren mit der Sammlung und Analyse von Daten, um autonome und intelligente Systeme zu ermöglichen, die nicht nur untereinander, sondern auch mit Menschen interagieren können. Ferner entstehen neue Möglichkeiten der Kommunikation und kontinuierlichen Datenerfassung. In den nachfolgenden Kapiteln werden die Implikationen dieser neuen Chancen und Risiken durch die fortschreitende Digitalisierung auf die Produktbeobachtungspflicht dargestellt und praxisnahe Hinweise für deren Bewältigung gegeben.

Um den Leserinnen und Lesern ein generelles Verständnis der Produktbeobachtung zu verschaffen, werden im Kap. 2 („Herleitung der Produktbeobachtungspflicht") zunächst die juristischen Grundlagen der Produktbeobachtungspflicht hergeleitet. Hierbei wird insbesondere zwischen der öffentlich-rechtlichen und zivilrechtlichen Produktbeobachtung unterschieden und genau dargestellt, welche produktrechtlichen Pflichten die verschiedene Wirtschaftsakteure und Betreiber von Online-Plattformen treffen.

Im Kap. 3 („Rechtsfolgen beim Verstoß gegen die Produktbeobachtungspflicht") sollen die drohenden öffentlich-rechtlichen, zivil- und strafrechtlichen Folgen bei einer Verletzung der Produktbeobachtungspflicht vor Augen geführt werden. Zu denken ist in diesem Kontext insbesondere an die Zahlung von Schadensersatz, wenn und soweit eine erforderliche Gefahrabwendung im Feld aufgrund einer unzureichenden Produktbeobachtung unterbleibt und es dadurch zu einem Personenschaden kommt.

Sodann gibt das Kap. 4 („Reichweite der Produktbeobachtungspflicht") Maßstäbe an die Hand, um zu entscheiden, ob und welche konkreten Maßnahmen im Rahmen der sog. aktiven und passiven Produktbeobachtungspflicht in Bezug auf die digitalisierte Produktwelt ergriffen werden sollten. Bspw. wird erläutert, ob der Hersteller dazu verpflichtet ist, sämtliche Daten eines smarten Produkts für die Produktbeobachtung zu erheben und auszuwerten, und wo die juristischen Grenzen der Produktbeobachtung verlaufen.

Die Besonderheiten in Bezug auf die Anforderungen an die Beobachtung smarter Produkte, von digitalem Zubehör sowie Stand alone-Software werden anschließend im Kap. 5 („Smarte Produkte als Gegenstand der Produktbeobachtungspflicht") eingehend analysiert. Im Fokus stehen dabei insbesondere die Beobachtung von und der Umgang mit produktbezogenen Cybersecurity-Risiken (Product Security). In diesem Zusammenhang wird der Frage nachgegangen, welche Maßnahmen ein Hersteller ergreifen muss, um im Zuge der Produktbeobachtung festgestellte Gefahren für die IT-Sicherheit und Personensicherheit abzuwehren.

Im Anschluss daran werden im Kap. 6 („Produktbeobachtung und Haftung bei Datenkenntnis und im Zusammenhang mit Social Media") zum einen Handlungsempfehlungen für den rechtssicheren Umgang mit Social Media im Zusammenhang mit der Produktbeobachtung gegeben. Zum anderen beleuchtet dieses Kapitel die Reichweite und den Umfang der Produktbeobachtung mit Blick auf (potenziell falsche) Daten, die von smarten Produkten verarbeitet werden. Ein besonderes Augenmerk liegt auf sog. Datenintermediären wie z. B. Datenmarktplätzen und Datenplattformen. Das Geschäftsmodell dieser neuartigen Akteure umfasst lediglich „fremde" Daten. Hierbei ist von besonderem Interesse, ob diese Datenintermediäre in die Produktbeobachtung einbezogen werden können und ob sie eine genuine Produktbeobachtungspflicht trifft.

Der Umgang mit Daten und Informationen im Rahmen der Produktbeobachtung eröffnet zwangsläufig auch eine datenschutzrechtliche Dimension. Mit dem Kap. 7 („Datenschutz im Rahmen der Produktbeobachtung") soll daher ein genuin datenschutzrechtlicher Beitrag dazu geleistet werden, dass unternehmensintern bei der Umsetzung der Produktbeobachtungspflicht sicher mit Daten umgegangen wird.

Abschließend werden in Kap. 8 („Ausblick") aktuelle Gesetzesvorhaben beleuchtet, die in Zukunft absehbar Einfluss auf die Produktbeobachtungspflichten in der digitalisierten Produktwelt haben und sogar deren Quelle sein werden. So werden die Verordnung (EU) 2023/988 (EU-Produktsicherheitsverordnung [GPSR]), die Vorschläge einer Maschinenverordnung (MVO-E), eines Cyber Resiliance Act (CRA-E) und einer KI-Verordnung (KI-VO-E) und die UNECE R155, R156 und R157 unter diesem spezifischen Aspekt untersucht.

2

Herleitung der Produktbeobachtungspflicht

Zusammenfassung Dieses Kapitel soll die genuin juristischen Grundlagen für die nachfolgende Darstellung in Bezug auf die Produktbeobachtung in der Digitalisierung schaffen. Tatsächlich ist die Produktbeobachtung im geltenden Recht als vielschichtige juristische Pflicht ausgestaltet. Sie lässt sich ebenso aus dem Zivilrecht ableiten wie sie inzwischen vielfach im öffentlich-rechtlichen Produktsicherheitsrecht verankert ist. Die konkreten Rechtsgrundlagen sind im Folgenden darzustellen. Dabei ist auch die insoweit wichtige Rechtsprechungshistorie in den Blick zu nehmen. Schließlich sind die in die Pflicht genommenen Wirtschaftsakteure darzustellen.

> **Was Sie aus diesem Kapitel mitnehmen**
> - Was unter der zivil- und öffentlich-rechtlichen Produktbeobachtungspflicht zu verstehen ist.
> - Auf welchen rechtlichen Grundlagen die Produktbeobachtungspflicht beruht.
> - Ziele und Inhalte der Produktbeobachtungspflicht.

- Eine Aufstellung grundlegender Maßnahmen, deren Vornahme im Rahmen der aktiven und passiven Produktbeobachtungspflicht erwartet wird.
- Eine Auflistung der Wirtschaftsakteure, die Adressaten der Produktbeobachtungspflicht sein können, wie Hersteller, Importeure oder Fulfilment-Dienstleister.

2.1 Öffentliches Recht

Erst seit Beginn der 1990er-Jahre und damit weitaus kürzer als im zivilrechtlichen Produzentenhaftungsrecht (s. Abschn. 2.2.1) gibt es Produktbeobachtungspflichten im öffentlichen Recht, und zwar sowohl für harmonisierte (s. Abschn. 2.1.1) als auch für nicht-harmonisierte Produkte (s. Abschn. 2.1.2). Öffentlich-rechtlich gilt der Grundsatz, dass etwaige Pflichten zur Produktbeobachtung nur dort gelten, wo sie ausdrücklich benannt werden. Umgekehrt kommen keine Pflichten bzw. Eingriffe in grundrechtliche Schutzbereiche ohne gesetzliche Rechtsgrundlage in Betracht. Sie gelten daher auch nur für jene Akteure, die ausdrücklich als Pflichtenträger auserkoren werden, und reichen nur so weit, wie es der Gesetzgeber vorsieht. Insoweit gilt der Grundsatz des Gesetzesvorbehalts gemäß Art. 20 Abs. 3 GG. Aus diesem Grund werden letztlich nur ausgewählte Bereiche der Produktbeobachtung regulatorisch rezipiert. So gibt es etwa nach wie vor zwar kein „Reklamationsbearbeitungsgesetz", aber eben doch verbindliche Vorgaben zum Reklamations- bzw. Beschwerdemanagement (Sicherheitsmonitoring).[1]

2.1.1 Harmonisierter Bereich

Der harmonisierte Bereich erfasst jene Produkte, die im sachlichen Anwendungsbereich einer Harmonisierungsrechtsvorschrift der Union

---

[1] Siehe schon *Hauschka/Klindt*, NJW 2007, 2726 (2726).

liegen. Diese Vorschriften segeln wiederum gemeinhin unter der Flagge der „CE-Rechtsakte". Früher wurden sie zwar noch „CE-Richtlinien" genannt; die Einschränkung auf Richtlinien passt inzwischen aber nicht mehr, weil es seit geraumer Zeit spürbar mehr EU-Verordnungen im Bereich des Produktsicherheitsrechts gibt.[2] Demgegenüber werden die (Verbraucher-)Produkte gemäß Art. 2 Buchst. a RL 2001/95/EG, die nicht zugleich von einem CE-Rechtsakt erfasst werden, dem nichtharmonisierten Bereich zugerechnet, obwohl mit der Allgemeinen Produktsicherheitsrichtlinie auch insoweit eine europäische Richtlinie existiert.

Smarte Produkte sind grds. Bestandteil des harmonisierten Bereichs; denn aufgrund ihrer Vernetzungsfähigkeit werden sie jedenfalls von den folgenden EU-Rechtsakten erfasst:

- Richtlinie 2014/53/EU (sog. EU-Funkanlagenrichtlinie)
- Richtlinie 2011/65/EU (sog. RoHS-Richtlinie)

Daneben kommt insbesondere auch die Richtlinie 2006/42/EG (sog. EG-Maschinenrichtlinie) in Betracht. Die beiden (ebenfalls relevanten) Richtlinien 2014/35/EU (sog. EU-Niederspannungsrichtlinie) und 2014/30/EU (sog. EMV-Richtlinie) spielen wiederum neben der Richtlinie 2014/53/EU keine Rolle.

Einen Aufschwung erlebten die Produktbeobachtungspflichten im öffentlichen Recht durch den sog. New Legislative Framework (NLF) aus dem Jahr 2008.[3] Der NLF bestand aus den drei folgenden Rechtsakten:

- Verordnung (EG) Nr. 764/2008
- Verordnung (EG) Nr. 765/2008
- Beschluss Nr. 768/2008/EG

---

[2] Vgl. etwa die Verordnungen (EU) Nr. 305/2011 (sog. EU-Bauproduktenverordnung) und 2016/425 (sog. PSA-Verordnung).
[3] Zum NLF *Kapoor/Klindt*, EuZW 2008, 649; *dies.*, EuZW 2009, 134.

Was die Produktbeobachtungspflicht anbelangt, gilt der Fokus freilich allein dem Beschluss Nr. 768/2008/EG; denn weder die Verordnung (EG) Nr. 764/2008 noch die Verordnung (EG) Nr. 765/2008 verhielten bzw. verhalten sich zur Produktbeobachtungspflicht. Die Verordnung (EG) Nr. 764/2008 gilt ohnehin nicht mehr. Sie wurde durch die Verordnung (EU) 2019/515 aufgehoben, und zwar mit Wirkung vom 19.04.2020 (Art. 16 Unterabs. 1 VO (EU) 2019/515). Beide Verordnungen befass(t)en sich mit dem Prinzip der gegenseitigen Anerkennung von Waren, die in einem anderen EU-Mitgliedstaat rechtmäßig in Verkehr gebracht wurden. Demgegenüber lag der Fokus der Verordnung (EG) Nr. 765/2008 zu Beginn auf der Akkreditierung einerseits und der Marktüberwachung andererseits. Sie wurde daher auch als „Marktüberwachungsverordnung" bezeichnet. Seit dem 16.07.2021 ist das europäische Marktüberwachungsrecht allerdings in der Verordnung (EU) 2019/1020 (sog. EU-Marktüberwachungsverordnung)[4] geregelt. Ebenfalls mit Wirkung vom 16.07.2021 wurden die Artt. 15–29 VO (EG) Nr. 765/2008 und damit die marktüberwachungsbehördlichen Bestimmungen aufgehoben (Artt. 39 Abs. 1 Nr. 4, 44 Unterabs. 2 VO (EU) 2019/1020).

Was den Beschluss Nr. 768/2008/EG anbelangt, gilt der Fokus – auch hinsichtlich der Produktbeobachtungspflicht – dem Anhang I. Dort werden „Musterbestimmungen für Harmonisierungsrechtsvorschriften der Gemeinschaft für Produkte" statuiert, die zwar nicht rechtsverbindlich sind, aber als Vorbild für die seitdem erlassenen EU-Verordnungen und -Richtlinien dienen. Die betreffenden Bestimmungen wurden seit 2009 rezipiert, wobei die EG-Spielzeugrichtlinie (Richtlinie 2009/48/EG)[5] den Auftakt bildete. Letztlich handelte es sich bei den Musterbestimmungen um eine Art politische Selbstverpflichtung der EU-Mitgliedstaaten, die anschließend mit Leben gefüllt wurde.

---

[4] Zur sog. MÜ-VO *Schucht*, Die neue EU-Marktüberwachungsverordnung. Praxisleitfaden für die Herausforderungen im europäischen Produktsicherheitsrecht, 2021. Siehe auch *Seehafer*, ZfPC 2022, 27; *Schucht*, GewArch 2020, 259; *Geiß/Felz*, NJW 2019, 2961.
[5] Instruktiv dazu *Kapoor*, EuZW 2011, 784; jüngst bilanzierend *Schucht*, EuZW 2021, 1076.

2 Herleitung der Produktbeobachtungspflicht

Innerhalb des Anhangs I des Beschlusses Nr. 768/2008/EG ist wiederum das Kapitel R2 relevant, wenn es um das Thema der Produktbeobachtung geht; denn dort werden die „Verpflichtungen der Wirtschaftsakteure" geregelt. Tatsächlich gibt es sowohl bei den „Pflichten des Herstellers" (Art. R2) als auch bei den „Verpflichtungen des Einführers" (Art. R4) eine Regelung, die sich mit der Produktbeobachtung befasst. Bemerkenswerterweise gilt die Pflicht jeweils nur für Verbraucherprodukte (B2C-Produkte)[6]. Konkret nehmen die Hersteller, „falls dies angesichts der von einem Produkt ausgehenden Gefahren als zweckmäßig betrachtet wird, zum Schutz der Gesundheit und Sicherheit der Verbraucher Stichproben von in Verkehr befindlichen Produkten, nehmen Prüfungen vor, führen erforderlichenfalls ein Verzeichnis der Beschwerden, der nichtkonformen Produkte und der Produktrückrufe und halten die Händler über diese Überwachung auf dem Laufenden" (Art. R2 Abs. 4 Unterabs. 2 des Anhangs I des Beschlusses Nr. 768/2008/EG). Die entsprechende Einführerpflicht ist ähnlich formuliert; allerdings haben sie keine Prüfungen vorzunehmen, sondern „prüfen die Beschwerden" (Art. R4 Abs. 6 des Anhangs I des Beschlusses Nr. 768/2008/EG). Zudem ist die Stichprobennahme an den Vorbehalt der Angemessenheit gekoppelt. In der Folge wurden die beiden Pflichtenkreise in den spezifischen Rechtsakten vereinheitlicht. Nunmehr gilt grundsätzlich, dass beide Wirtschaftsakteure die gezogenen Stichproben untersuchen bzw. daran Prüfungen vornehmen, und zwar jeweils unter dem Vorbehalt der Angemessenheit[7] oder der Zweckmäßigkeit[8].

Im Ergebnis lassen sich die Pflichteninhalte grundsätzlich wie folgt zusammenfassen: Erstens sind zunächst

- Stichproben bei den in Verkehr gebrachten Produkten zu nehmen und
- anschließend daran Untersuchungen vorzunehmen.

---

[6] Engl. Business-to-Consumer
[7] So etwa die Artt. 6 Abs. 2 Unterabs. 2, 8 Abs. 6 RL 2014/35/EU.
[8] So etwa die Artt. 10 Abs. 5 Unterabs. 2, 12 Abs. 6 RL 2014/53/EU

Sodann ist jeweils erforderlichenfalls

- ein Verzeichnis der Beschwerden,
- der nichtkonformen Produkte und
- der Rückrufe

zu führen. Die Händler sind schließlich über die Überwachung auf dem Laufenden zu halten. Dass nach wie vor Ausnahmen die Regel im Konzept der öffentlich-rechtlichen Produktbeobachtungspflicht bestätigen, zeigte etwa jüngst Art. 8 Abs. 4 Unterabs. 2 VO (EU) 2016/425 (sog. PSA-Verordnung)[9]. Danach führen die Hersteller (neben stichprobenartigen Prüfungen von auf dem Markt bereitgestellten PSA) zusätzlich auch „Untersuchungen zu Beschwerden, nichtkonformen PSA und PSA-Rückrufen" durch.[10] In die parallel erlassene EU-Gasgeräteverordnung[11] fand diese neue Untersuchungspflicht der Hersteller und Einführer freilich keinen Eingang (Artt. 7 Abs. 4 Unterabs. 2, 9 Abs. 6 VO (EU) 2016/426). In diesem Zusammenhang ist darauf hinzuweisen, dass es auch schon vorher solche Untersuchungspflichten gab. ATEX-rechtlich sind Hersteller und Einführer ebenfalls zur Prüfung von Beschwerden (nicht jedoch auch von nichtkonformen ATEX-Produkten und Rückrufen von ATEX-Produkten) verpflichtet, Artt. 6 Abs. 4 Unterabs. 2, 8 Abs. 6 Richtlinie 2014/34/EU. Bemerkenswert ist, dass sich die Produktbeobachtungspflicht in beiden EU-Verordnungen aus dem Jahr 2016 nicht mehr nur auf Verbraucherprodukte bezieht. Ganz im Gegenteil gilt sie für alle sachlich erfassten Produkte (PSA bzw. Geräte, also nicht auch Ausrüstungen). Schon bei der Anpassung zahlreicher Richtlinien im Jahr 2014 an den NLF waren freilich diese Tendenzen zugunsten der B2B-Produkte zu beobachten (vgl. Artt. 6 Abs. 4 Unterabs. 2, 8 Abs. 6 RL 2014/34/EU und Artt. 10 Abs. 5 Unterabs. 2, 12 Abs. 6 RL 2014/53/EU).

---

[9] Zur PSA-Verordnung *Schucht*, EuZW 2016, 407; *ders.*, BePr 2016, 374.
[10] Für die Einführer gilt nichts anderes, Art. 10 Abs. 6 VO (EU) 2016/425.
[11] Dazu *Felz/Schulze*, EuZW 2019, 405 (406).

2 Herleitung der Produktbeobachtungspflicht

Produktbeobachtungspflichten der Händler existieren demgegenuber nicht, Art. R5 des Anhangs I des Beschlusses Nr. 768/2008/EG. Für die Bevollmächtigten gilt nichts anderes (Art. R3 des Anhangs I des Beschlusses Nr. 768/2008/EG).
Diese spezifischen Produktbeobachtungspflichten wurden seit 2009 in die verschiedenen produktspezifischen Rechtsakte übernommen.[12] Dessen ungeachtet muss konstatiert werden, dass die betreffenden Pflichten ein Schattendasein führen: Wenn und soweit sie erfüllt werden, dann erfahrungsgemäß aufgrund der strengeren und praktisch wichtigeren zivilrechtlichen Pflichten (s. Abschn. 2.2), die von den öffentlichen-rechtlichen Pflichten keineswegs verdrängt werden. Vielmehr gilt eine Koexistenz im jeweils autonomen Regelungsregime; denn die öffentlich-rechtlichen Pflichten sind europäisch geprägt, während die zivilrechtlichen Pflichten ihren Ursprung im nationalen Recht finden. Hinzu kommt, dass die zum Vollzug berufenen Marktüberwachungsbehörden erkennbar kein Interesse an diesen „weichen" Bereichen des geltenden Produktsicherheitsrechts zeigen. Dass die Reichweite der Befugnisse diesbezüglich alles andere als klar ist, kommt zwar erschwerend noch hinzu; der Aspekt dürfte aber de facto nicht die entscheidende Rolle für die Zurückhaltung der Vollzugsbehörden spielen. Vielmehr müssen diese so oder so die begrenzten (personellen) Ressourcen dergestalt einsetzen, dass möglichst viele risikobehaftete Produkte identifiziert und sodann vom Markt entfernt werden.

2.1.2 Nicht-harmonisierter Bereich

Auch wenn im Übrigen vom nicht-harmonisierten, d. h. nicht durch einen spezifischen (sektoralen) Rechtsakt geregelten Bereich die Rede ist, ist diese Lesart nicht ganz richtig. Hinter diesem Bereich steht nicht weniger als die Richtlinie 2001/95/EG[13]. Diese sog. Allgemeine Produktsicherheitsrichtlinie wiederum hat allein Verbraucherprodukte

---

[12] Vgl. Artt. 4 Abs. 4 Unterabs. 2, 6 Abs. 6 RL 2009/48/EG.
[13] Dazu *Klindt*, PHi 2002, 2.

zum Gegenstand; denn Produkt gemäß Art. 2 Buchst. a RL 2001/95/ EG ist „jedes Produkt, das – auch im Rahmen der Erbringungen einer Dienstleistung – für Verbraucher bestimmt ist oder unter vernünftigerweise vorhersehbaren Bedingungen von Verbrauchern benutzt werden könnte, selbst wenn es nicht für diese bestimmt ist, und entgeltlich oder unentgeltlich im Rahmen einer Geschäftstätigkeit geliefert oder zur Verfügung gestellt wird, unabhängig davon, ob es neu, gebraucht oder wiederaufgearbeitet ist." Für den B2B-Bereich[14] gilt sie umgekehrt nicht.

Der nicht-harmonisierte Bereich umfasst noch immer sowohl zahlreiche praktisch relevante Verbraucherprodukte als auch ausnahmsweise Nicht-Verbraucherprodukte bzw. Arbeitsmittel. Zu den Verbraucherprodukten zählen etwa viele (nicht-elektrische) Sportgeräte und Freitzeitartikel, Textilien, Gartenartikel oder Heimwerkerbedarf. Stets sind es Produkte, die nicht mit einer CE-Kennzeichnung versehen sind, weil sie unter keinen CE-Rechtsakt fallen. Smarte Produkte sind – wie dargelegt – grds. CE-Produkte, weil sie von mindestens einem einschlägigen CE-Rechtsakt erfasst werden (dazu Abschn. 2.1.1).

Rechtlich verankert ist die Produktbeobachtungspflicht in § 6 Abs. 3 ProdSG (s. vertiefend Abschn. 4.2.2). Danach haben

- der Hersteller,
- sein Bevollmächtigter und
- der Einführer

bei den auf dem Markt bereitgestellten Verbraucherprodukten

- Stichproben durchzuführen (Nr. 1),
- Beschwerden zu prüfen und, falls erforderlich, ein Beschwerdebuch zu führen (Nr. 2) sowie
- die Händler über weitere das Verbraucherprodukt betreffende Maßnahmen zu unterrichten (Nr. 3).

---

[14] Engl. Business-to-Business.

2 Herleitung der Produktbeobachtungspflicht

Wer mit diesen Wirtschaftsakteuren i.S.d. § 2 Nr. 28 ProdSG gemeint ist, wird in § 2 Nrn. 6 (Bevollmächtigter), 8 (Einführer) und 15 (Hersteller) definiert. Die entsprechenden Definitionen entsprechen inhaltlich den unionsrechtlichen Vorgaben. Auch wenn in der Literatur einer Rangfolge innerhalb der Pflichtenträger das Wort geredet wird, wonach der Bevollmächtigte und Einführer nur nachrangig verpflichtet seien,[15] lässt sich dies mit Blick auf den insoweit klaren Wortlaut in § 6 Abs. 3 ProdSG nicht begründen. Vielmehr sind Hersteller, Bevollmächtigter und Einführer in gleicher Weise und gleichrangig zur Produktbeobachtung verpflichtet. Stets gilt, dass die Pflicht jeweils „im Rahmen ihrer Geschäftstätigkeit" zu erfüllen ist. Was die Pflicht zur Ziehung von Stichproben anbelangt, hängt diese „vom Grad des Risikos ab, das mit den Produkten verbunden ist, und von den Möglichkeiten, das Risiko zu vermeiden" (§ 6 Abs. 3 S. 2 ProdSG).

Vor diesem Hintergrund wird die Regelung in § 6 Abs. 3 ProdSG zu Recht als Grundlage einer öffentlich-rechtlichen Produktbeobachtungspflicht apostrophiert.[16] Sie dient zugleich der Umsetzung des Art. 5 Abs. 1 Unterabs. 4 Buchst. b) RL 2001/95/EG. Danach rechnen zu den von den Herstellern zu ergreifenden Maßnahmen auch „die Durchführung von Stichproben bei den in Verkehr gebrachten Produkten, die Prüfung der Beschwerden und gegebenenfalls die Führung eines Beschwerdebuchs sowie die Unterrichtung der Händler über die weiteren Maßnahmen betreffend das Produkt". Worauf diese Maßnahmen abzielen, ist wiederum unmittelbar davor in Art. 5 Abs. 1 Unterabs. 3 RL 2001/95/EG geregelt. Demzufolge treffen die Hersteller „im Rahmen ihrer jeweiligen Geschäftstätigkeit" Maßnahmen, „die den Eigenschaften der von ihnen gelieferten Produkte angemessen sind, damit sie imstande sind, a) die etwaigen von diesen Produkten ausgehenden Gefahren zu erkennen, b) zu deren Vermeidung zweckmäßige Vorkehrungen treffen zu können, erforderlichenfalls einschließlich der Rücknahme vom Markt, der angemessenen und wirksamen Warnung

---

[15] *Kapoor* in *Klindt*, ProdSG, 3. Aufl. 2021, § 6, Rn. 56.
[16] *Kapoor* in *Klindt*, ProdSG, 3. Aufl. 2021, § 6 Rn. 57.

der Verbraucher und des Rückrufs der Verbraucher." Die öffentlich-rechtliche Produktbeobachtungspflicht zielt auf das Erkennen von Produktgefahren ab, auch wenn dieser Zusammenhang in § 6 Abs. 3 ProdSG nicht zum Ausdruck kommt. Schon zuvor gab es in Art. 3 Abs. 2 Richtlinie 92/59/EWG und damit dem Vorläuferrechtsakt zur Richtlinie 2001/95/EG eine öffentlich-rechtliche Produktbeobachtungspflicht als exemplarisches Mittel zum Zweck, die Herstellerpflicht in Gestalt der Gefahrenerkennung zu erfüllen.

Die Statuierung einer öffentlich-rechtlichen Produktbeobachtungspflicht zielt darauf ab, dass die verpflichteten Wirtschaftsakteure „eine wirklichkeitsnahe Einschätzung über ein bereits auf dem Markt befindliches Verbraucherprodukt und die von ihm ausgehenden Gefahren" erhalten.[17]

2.2 Zivilrecht

Für einen langen Zeitraum wurden Produktbeobachtungspflichten allein aus dem Zivilrecht abgeleitet. Anknüpfungspunkt war und ist insoweit noch immer § 823 Abs. 1 BGB, d. h. die zentrale Anspruchsgrundlage im geltenden nationalen Deliktsrecht, die immerhin schon seit dem 01.01.1900 Geltung beansprucht. Konkret im Fokus steht die daraus (von der Rechtspraxis bzw. den Zivilgerichten) abgeleitete sog. Produzentenhaftung. § 823 Abs. 1 BGB regelt hingegen unspezifisch, dass jeder, der „vorsätzlich oder fahrlässig das Leben, den Körper, die Gesundheit, die Freiheit, das Eigentum oder ein sonstiges Recht eines andere widerrechtlich verletzt, […] dem anderen zum Ersatz des daraus entstehenden Schadens verpflichtet", ist. Erst die Rechtsprechung der Zivilgerichte füllte diese denkbar abstrakte Vorgabe u. a. mit den Verkehrssicherungspflichten der an Warenherstellung, -import und -vertrieb beteiligten Wirtschaftsakteure.

---

[17] *Kapoor* in *Klindt,* ProdSG, 3. Aufl. 2021, § 6 Rn. 56.

2.2.1 Produzentenhaftungsrecht

Zivilrechtlich muss der Fokus in erster Linie auf § 823 Abs. 1 BGB gerichtet werden, wenn es um die Grundlage der Produktbeobachtungspflicht geht. Denn diese Norm wurde von der Rechtsprechung auserkoren, um u. a. die Grundlage für die sog. Produzentenhaftung zu bilden. Die Produzentenhaftung ist danach also strikt von der (europarechtlich) geprägten Produkthaftung zu unterscheiden. Letztere ist (noch) im Gesetz über die Haftung für fehlerhafte Produkte (Produkthaftungsgesetz – ProdHaftG) vom 15.12.1989[18] geregelt. Das ProdHaftG wiederum beruht auf der Richtlinie 85/374/EWG (sog. Produkthaftungsrichtlinie).

Im Unterschied zu den Konstruktions-, Fabrikations- und Instruktionspflichten führt die Verletzung der Produktbeobachtungspflicht nicht zu einem gefährlichen Produkt bzw. zu einem Produktfehler i.S.d. § 3 Abs. 1 ProdHaftG; denn die Produktbeobachtungspflicht weist über den Zeitpunkt des Inverkehrbringens hinaus. Gerade damit wird die spezifische Besonderheit der Produktbeobachtungspflicht in Bezug genommen: Im Ergebnis sorgt sie dafür, dass sich die an Herstellung, Import und Distribution von Waren beteiligten Akteure nicht schon dann „zurücklehnen" können, wenn die Produkte in Verkehr gebracht sind. M.a.W. verlängert die Produktbeobachtung das Pflichtenprogramm der betreffenden Wirtschaftsakteure um einen im Einzelfall alles andere als unerheblichen Zeitraum.

Schon in den sog. Apfelschorffällen hat der Bundesgerichtshof (BGH) Anfang 1981 entschieden, dass die Sicherungspflichten des Warenherstellers „nicht mit der Freigabe seiner Waren für Dritte" enden.[19] Er kann daher „seine Verkehrssicherungspflichten auch durch unzureichende Beobachtung seines Produkts in der praktischen Anwendung verletzen." Mit Verweis auf das Reichsgericht (RG) wies

---

[18] BGBl. I S. 2198.

[19] Dazu, dass dessen ungeachtet u. a. die dogmatische Einordnung der Produktbeobachtungspflicht noch immer zu den am heftigsten umstrittenen und am wenigsten geklärten Bereichen der Produzenhaftung rechnen soll, *Klindt/Wende,* BB 2016, 1419 (1419).

der BGH bereits damals darauf hin, dass ein Hersteller sehr wohl verpflichtet sein kann, „alles zu tun, was ihm nach den Umständen zumutbar ist, um sie [erst nach dem Inverkehrbringen seines Produkts in Erfahrung gebrachte Gefahren] abzuwenden".[20] In diesem Sinne wird in der Literatur darauf hingewiesen, dass der BGH bereits in der Contergan-Entscheidung aus dem Jahr 1970 festgestellt habe, „dass die Pflicht zur Verkehrssicherung jedenfalls nicht zwingend mit der Inverkehrgabe eines bestimmten Produkts endet". Dessen ungeachtet habe die Strafkammer damals noch nicht den Begriff der Produktbeobachtung verwendet.[21] Hinter dieser Rechtsprechung steckt die Überlegung, dass es der Hersteller ist, der auch nach diesem Zeitpunkt über die Mittel zur Gefahrsteuerung verfügt. Die Herstellerverantwortung soll über den im Zeitpunkt des Inverkehrbringens und „den damaligen Stand der Kenntnisse und Möglichkeiten hinaus" perpetuiert werden. Gerade bei den Entwicklungsrisiken wird die Bedeutung der Produktbeobachtungspflicht besonders augenfällig.[22] Ein sog. Entwicklungsfehler liegt gemäß § 1 Abs. 2 Nr. 5 ProdHaftG vor, wenn „der Fehler nach dem Stand der Wissenschaft und Technik in dem Zeitpunkt, in dem der Hersteller das Produkt in den Verkehr brachte, nicht erkannt werden konnte". M.a.W. ist die Existenz eines solchen Entwicklungsfehlers unvereinbar mit einem Produktfehler gemäß § 3 Abs. 1 ProdHaftG. Zugleich führen solche Entwicklungsrisiken auch zur fehlenden Haftung gemäß § 823 Abs. 1 BGB, weil es in diesem Szenario notwendigerweise am Verschulden fehlt. Die Produktbeobachtungspflicht ist jedoch keine ausschließliche Pflicht des Herstellers,[23] auch wenn dieser Wirtschaftsakteur in diesem Kontext fraglos besonders umfangreich tätig werden muss.

---

[20] *BGH*, NJW 1981, 1606 (1607).
[21] Zum Ganzen *T. Lenz* in *ders.*, Produkthaftung, 2. Aufl. 2022, § 3 Rn. 222.
[22] Zum Ganzen MüKoBGB/*Wagner*, 8. Aufl. 2020, § 823 Rn. 989.
[23] A.A. offenbar *T. Lenz,* in *ders.*, Produkthaftung, 2. Aufl. 2022, § 3 Rn. 222, wonach mit der Produktbeobachtungspflicht „unterschiedliche Herstellerpflichten erörtert" werden.

2.2.1.1 Sachlicher Anwendungsbereich

Die betreffende produzentenhaftungsrechtliche Dimension bezieht sich – wie die Konstruktions-, Fabrikations- und Instruktionspflicht – auf alle Produkte, also sowohl aus dem Food- wie aus dem Non-Food-Bereich. Weitere Voraussetzung für die Geltung der Produktbeobachtungspflicht ist (nach den allgemeinen Regeln), dass die betreffenden Produkte auch in Verkehr gebracht werden. Allerdings darf nicht übersehen werden, dass die produzentenhaftungsrechtliche Haftung gemäß § 823 Abs. 1 BGB keinen Produktfehler voraussetzt. Vielmehr beruht sie auf der schuldhaften Verletzung einer (produktbezogenen) Verkehrspflicht.[24] So kann der Händler auf der Grundlage der Produzentenhaftung etwa haften, wenn er einen Käufer falsch berät (obwohl dem Hersteller selbst kein Instruktionsfehler unterlaufen ist). Aus diesem Grund werden dezidiert auch „Urproduzenten", d. h. diejenigen, die wirtschaftliche Güter (wie etwa Rohstoffe) aus der Nutzung der Natur gewinnen, als Träger der Verkehrspflichten bei der Warenherstellung angesehen, gerade weil der Unterschied zum eigentlichen „Hersteller" unerheblich ist.[25]

2.2.1.2 Dimensionen der Produktbeobachtungspflicht

Gemeinhin wird mit Blick auf die Produktbeobachtungspflicht zwischen der aktiven Seite einerseits und der passiven Seite andererseits unterschieden.[26]

---

[24] Instruktiv *Graf von Westphalen* in *Foerste/Graf von Westphalen*, Produkthaftungshandbuch, 3. Aufl. 2012, § 47 Rn. 4.
[25] *Foerste* in *ders./Graf von Westphalen*, Produkthaftungshandbuch, 3. Aufl. 2012, § 25 Rn. 21.
[26] Vgl. nur *Michalski*, BB 1998, 961 (963); *Klindt/Wende*, BB 2016, 1419 (1419).

2.2.1.2.1 Aktive Produktbeobachtung

Bei der aktiven, grds. allein den Hersteller treffenden Produktbeobachtung geht es um die Generierung von Informationen, damit die Bewährung des Produkts in der praktischen Verwendung geprüft werden kann. Diese müssen dezidiert aktiv beschafft werden, sodass es umgekehrt nicht genügt, lediglich produktbezogene Informationen (passiv) entgegenzunehmen. Wenn und soweit die „Sicherungspflichten eines Warenherstellers [...] nicht mit dem Inverkehrbringen seines Produkts" enden, ist es nur konsequent, eine aktive Pflicht zur Produktbeobachtung aus der Taufe zu heben. Aus diesem Grund nimmt es nicht wunder, dass der BGH ebenfalls schon in den Apfelschorffällen klargestellt hat, dass es der Warenhersteller nicht dabei bewenden lassen kann, eher zufällig von etwaigen Produktgefahren Kenntnis zu erlangen. Er muss vielmehr Vorkehrungen treffen, um insoweit auf dem Laufenden zu bleiben. Wichtig ist insoweit ein systematisches Vorgehen.[27] Es bedarf einer Organisation, welche insbesondere die Gewinnung, Systematisierung und Archivierung der Informationen ermöglicht.[28] Konkret soll er insbesondere folgende Aktivitäten entfalten:

- Produkte auf noch nicht bekannte schädliche Eigenschaften hin beobachten.
- Sich über sonstige Verwendungsfolgen informieren, die eine Gefahrenlage schaffen können.
- Laufend den Fortgang der Entwicklung von Wissenschaft und Technik auf dem einschlägigen Gebiet verfolgen.
- Ergebnisse wissenschaftlicher Kongresse und Fachveranstaltungen verfolgen, wenn die Produkte weltweit vertrieben werden.
- Gesamtes internationales Fachschrifttum auswerten.[29]

---

[27] *Foerste* in *ders./Graf von Westphalen,* Produkthaftungshandbuch, 3. Aufl. 2012, § 24 Rn. 376.
[28] *Klindt/Wende,* BB 2016, 1419 (1419 f.).
[29] Zum Ganzen *BGH,* NJW 1981, 1606 (1607 f.).

2 Herleitung der Produktbeobachtungspflicht

Insoweit hält der BGH tatsächlich eine fortlaufende Beobachtung für erforderlich, die sich im Übrigen auch auf den Aspekt der Wirksamkeit eines Produkts beziehen kann, wenn im Vertrauen darauf seitens des Nutzers auf die Verwendung eines anderen wirksamen Produkts abgesehen wird.[30] Gerade darum ging es bei den betreffenden Apfelschorffällen. Aus diesem Grund ist bei Produkten mit einer Schutzfunktion (z. B. Rauchwarnmelder oder Brandschutztüren) just diese Funktion notwendiger Gegenstand der Produktbeobachtung, weil der Funktionsausfall typischerweise mit einer relevanten Gefahr einhergeht. Relevante Erkenntnisse müssen dabei im Übrigen nicht notwendigerweise aus der Beobachtung von Produkten aus derselben Serie generiert werden; auch vergleichbare Produkte z. B. früherer Serien können Objekt der Beobachtung sein, wenn z. B. dasselbe Material verwendet wurde.[31]

Der Kernbereich der aktiven Produktbeobachtung war in der Folge lange Zeit wenig umstritten, wobei auch auf Erfahrungen mit vergleichbaren Konkurrenzprodukten abgestellt wurde.[32] Dies gilt z. B., wenn sie gleichen Wirkstoff beinhalten.[33] Tatsächlich spielt dieser Vergleich mit Wettbewerbsprodukten auch und gerade in streitigen Fällen keine geringe Rolle in der Produzenten- und auch Produkthaftung. Dabei liegt der Fokus jedoch nicht selten auch auf der Konstruktionspflicht bzw. dem Konstruktionsfehler. Auch insoweit wird (zivilgerichtlich) untersucht, ob Anhaltspunkte für einen solche Pflichtverletzung bzw. einen solchen Konstruktionsfehler dadurch vorliegen, dass es bessere bzw. sicherere Wettbewerbsprodukte gibt. Im Übrigen muss der Fokus auf allen öffentlich zugänglichen Quellen liegen, die produktrelevante Informationen erwarten lassen. Dabei kann es sich auch um

- Zeitungsberichte,
- Testberichte,

---

[30] *BGH*, NJW 1981, 1603 (1603).
[31] *Foerste* in ders./Graf von Westphalen, Produkthaftungshandbuch, 3. Aufl. 2012, § 24 Rn. 372.
[32] MüKoBGB/*Wagner*, 8. Aufl. 2020, § 823 Rn. 991.
[33] *Foerste* in ders./*Graf von Westphalen*, Produkthaftungshandbuch, 3. Aufl. 2012, § 24 Rn. 375.

- produktbezogene Veröffentlichungen von NGOs,
- Datenbanken über gefährliche Produkte und/oder Marktüberwachungsmaßnahmen (wie insbesondere das Safety Gate der Europäischen Kommission oder die Datenbank „Gefährliche Produkte in Deutschland" der Bundesanstalt für Arbeitsschutz und Arbeitsmedizin [BAuA]),
- Erkenntnisse der Unfallforschung,
- Polizeistatistiken oder
- Versicherungsstatistiken

handeln.[34] Richtig ist, dass z. B. der Warenhersteller nicht in jedem Fall „das volle Programm" fahren muss. Die beiden Pole werden insoweit zum einen von Produkten gebildet, die seit Langem (unverändert) im Feld sind und als bewährt gelten können. Zum anderen kann es komplexe Neuentwicklungen geben, die mit einem erheblichen Schädigungspotenzial verbunden sind. Es liegt auf der Hand, dass letzterenfalls deutlich spürbarere Aktivitäten (des Herstellers) zu entfalten sind.[35] Nicht überzeugend ist hingegen die Ansicht, wonach eine aktive Produktbeobachtungspflicht (des Herstellers) bei bloß möglichen Beeinträchtigungen von Eigentums- und Besitzrechten nicht angezeigt sei.[36] Richtigerweise dürften Differenzierungen insoweit eher auf der Rechtsfolgenseite in Betracht kommen, indem z. B. anstelle eines Rückrufs auch eine Sicherheitswarnung ausreicht. Allerdings gilt auch, dass etwa Prüftiefe und Häufigkeit im Rahmen der öffentlich-rechtlichen Produktbeobachtungspflicht vom Gefahrenpotenzial eines Produkts abhängt (s. Abschn. 4.3.2.2).

Unklarer ist demgegenüber, welche Pflichten Hersteller mit Blick auf Social Media erfüllen müssen. Insoweit gibt es zwar noch keine Leitentscheidung des BGH. Daraus kann aber nicht gefolgert werden, dass sich der Hersteller bis auf Weiteres nicht mit Social Media befassen muss.

---

[34] *Foerste* in *ders./Graf von Westphalen*, Produkthaftungshandbuch, 3. Aufl. 2012, § 24 Rn. 378; *Klindt/Wende*, Rückrufmanagement. Ein Leitfaden für die professionelle Abwicklung von Krisenfällen, 4. Aufl. 2021, Abschn. 2.1.1, S. 57.

[35] Instruktiv *T. Lenz* in *ders.*, Produkthaftung, 2. Aufl. 2022, § 3 Rn. 227.

[36] So *T. Lenz* in *ders.*, Produkthaftung, 2. Aufl. 2022, § 3 Rn. 227.

2 Herleitung der Produktbeobachtungspflicht

Wenn es im Rahmen der Verkehrssicherungspflichten darum geht, die notwendigen und zumutbaren Vorkehrungen zu treffen,[37] um eine Schädigung absoluter Rechtsgüter möglichst zu vermeiden, dann ist die Reichweite der aktiven Produktbeobachtung – auch ohne Orientierung gebende Entscheidungen der Zivilgerichte – sorgsam auszutarieren. Vor diesem Hintergrund dürfte kein Zweifel bestehen, dass ein Hersteller eigene Social Media-Kanäle aktiv sichten muss, während er kaum bekannte Foren kleinster Kreise nicht notwendigerweise im Blick haben muss (s. Abschn. 6.2).

2.2.1.2.2 Passive Produktbeobachtung

Im Unterschied zur aktiven Produktbeobachtung müssen im Rahmen der passiven Produktbeobachtung keine Informationen generiert werden. Vielmehr geht es tatsächlich nur darum, jene Informationen entgegenzunehmen und sodann auszuwerten bzw. zu analysieren, die von außen ans jeweilige Unternehmen herangetragen werden. Die damit einhergehende Passivität der Wirtschaftsakteure gab dieser Spielart der Produktbeobachtungspflicht ihren Namen. Im Fokus stehen dabei naturgemäß Beschwerden bzw. Reklamationen von Verbrauchern bzw. Nutzern, die insbesondere per Telefon oder E-Mail im Beschwerdemanagement oder Claim-Management einlaufen. Denkbar sind daneben freilich auch entsprechende Mitteilungen per Brief. Wichtig sind daneben Unfallmeldungen[38] oder Mitteilungen von (Marktüberwachungs- oder Arbeitsschutz-)Behörden. Seitdem Social Media existieren, können vergleichbare Informationen naturgemäß auch über solche Kanäle dem jeweiligen Akteur wie z. B. dem Hersteller zur Kenntnis gebracht werden (s. Abschn. 2.3.1).

Auch wenn z. T. die Ansicht vertreten wird, dass den Händler grds. nicht einmal eine passive Produktbeobachtungspflicht trifft (Ausnahmen soll es nur geben, wenn der Händler z. B. wegen besonderer

---

[37] Vgl. nur MüKoBGB/*Wagner*, 8. Aufl. 2020, § 823 Rn. 453.
[38] *Foerste* in ders./*Graf von Westphalen*, Produkthaftungshandbuch, 3. Aufl. 2012, § 24 Rn. 380.

Sachkunde positive Kenntnis von der in Rede stehenden Produktgefahr hat und problemlos zur Gefahrenabwehr im Allgemeinen bzw. Sicherheitswarnung im Feld im Besonderen in der Lage ist),[39] kann diese Sichtweise in mehreren Hinsichten nicht überzeugen. Der Händler ist nicht nur de facto oftmals Dreh- und Angelpunkt bezüglich etwaiger (Verbraucher-)Beschwerden, weil er letztlich als Vertragspartner der Endnutzer agiert. Darüber hinaus obliegen produktbezogene Verkehrssicherungspflichten grds. jeder Person, von der eine Gefahrsteuerung billigerweise erwartet werden kann.[40] Dass es dem Händler mit Blick darauf zuzumuten ist, Beschwerden bzw. Reklamationen jedenfalls entgegenzunehmen und an die jeweils zuständige Stelle, d. h. den Hersteller, Quasi-Hersteller oder Importeur, weiterzuleiten, dürfte nicht ernsthaft in Abrede zu stellen sein. Dies gilt namentlich für potenziell sicherheitskritische Beschwerden bzw. Reklamationen (Schadensfälle!), bei denen der Händler den Hersteller in Kenntnis setzen, um Stellungnahme bzw. Prüfung von Schäden und Produkt bitten und sich sogar vergewissern muss, dass der betreffende Hersteller sich aufdrängenden Gefahrabwendungspflichten im Feld auch nachkommt.[41] Genau so funktioniert auch die Praxis.

Die Erfüllung der passiven Produktbeobachtungspflicht setzt ebenfalls ein systematisches Vorgehen voraus: Es müssen die erforderlichen Vorkehrungen getroffen werden, damit alle relevanten Informationen erfasst, bewertet und ggf. weitergeleitet werden. Gerade zu diesem Zweck soll eine zentrale Stelle im Unternehmen geschaffen werden, die für just diese Informationen zuständig ist. In diesem Zusammenhang muss insbesondere verhindert werden, dass eine Häufung vergleichbarer

---

[39] MüKoBGB/*Wagner*, 8. Aufl. 2020, § 823 Rn. 989.
[40] *Foerste* in *ders./Graf von Westphalen*, Produkthaftungshandbuch, 3. Aufl. 2012, § 26 Rn. 1.
[41] So überzeugend *Foerste* in *ders./Graf von Westphalen*, Produkthaftungshandbuch, 3. Aufl. 2012, § 26 Rn. 30; siehe auch den insoweit zurückhaltenden *T. Lenz* in *ders.*, Produkthaftung, 2. Aufl. 2022, § 3 Rn. 224, 227, mit Blick auf die Rechtsprechung, die sich deutlich stärker für Produktbeobachtungspflichten der Händler ausspricht.

Reklamationen deshalb nicht auffällt, weil sie bei unterschiedlichen Sachbearbeitern landen, die nichts voneinander wissen.[42]

2.2.1.2.3 Ziele der Produktbeobachtung

Alles in allem zielen beide Dimensionen der Produktbeobachtung nicht nur im Allgemeinen darauf ab, die Bewährung eines Produkts im Feld zu verifizieren. Im Besonderen sollen vor allem die folgenden Ereignisse identifiziert werden, um ggf. relevante Gefahren im Feld zu erkennen und die betreffenden Produkte in der Zukunft anzupassen bzw. verbessern:[43]

- Unfälle
- Gefahrensituationen
- vorhersehbare Fehlgebräuche, die bislang unbekannt waren (z. B. auch mit Blick auf den Kreis der Produktnutzer etwa bei einer sog. Produktmigration)
- Entstehung gefährlicher Zustände durch im Vorfeld nicht berücksichtigte Einsatzbedingungen (z. B. besondere klimatische Bedingungen oder UV-Strahlung) bzw. Einflüsse (z. B. Transport und Logistik)
- Auffälligkeiten bzw. Fehlerindizien
- Missverständnisse im Zusammenhang mit der Gebrauchsanleitung
- fehlende Verwendungen von Schutzausrüstungen
- spezifische Kombinationsrisiken bei der Kombinierung mit anderen Produkten[44]
- sich weiterentwickelnde Produkte mit integrierter künstlicher Intelligenz (KI)

---

[42] Zum Ganzen *Hauschka/Klindt*, NJW 2007, 2726 (2728); zust. *Foerste* in *ders./Graf von Westphalen*, Produkthaftungshandbuch, 3. Aufl. 2012, § 24 Rn. 380.
[43] Zum Ganzen auch *Foerste* in *ders./Graf von Westphalen*, Produkthaftungshandbuch, 3. Aufl. 2012, § 24 Rn. 372, 374, 376; *Klindt/Wende*, Ein Leitfaden für die professionelle Abwicklung von Krisenfällen. Rückrufmanagement. Abschn. 2.1.1, S. 56.
[44] Dazu *BGH*, NJW 1987, 1009.

Wichtig ist, dass diese Ziele der Produktbeobachtung zum einen unabhängig davon gelten, ob das „Produktproblem" zuvor vom Hersteller schuldhaft übersehen wurde. Dieser Aspekt spielt schlichtweg keine Rolle.[45] Zum anderen bezieht sie sich richtigerweise auf alle relevanten Fehlertypen, d. h. Konstruktions-, Fabrikations- und Instruktionsfehler.[46]

2.2.1.2.4 Fazit

Im Ergebnis erweist sich die Produktbeobachtungspflicht als vielgestaltige Pflicht, die von der Entgegennahme von Reklamationen über deren Weiterleitung (an die jeweils zuständige Stelle) bis hin zur aktiven Generierung von relevanten Informationen reichen kann. Die Produktbeobachtungspflicht gilt im Ergebnis für alle in Verkehr gebrachten Produkte und damit insbesondere auch für die vorliegend im Fokus des Interesses stehenden Non-Food-Produkte. Ob es sich insoweit um analoge oder smarte Produkte handelt, spielt mit Blick auf die Herleitung im Übrigen keine Rolle. Richtigerweise muss die mit der Etablierung von Produktbeobachtungspflichten einhergehende Verlängerung insbesondere der herstellerseitigen Produktverantwortung auch im genuin digitalen Produktbereich Geltung beanspruchen, um namentlich die höchstpersönlichen Schutzgüter aus § 823 Abs. 1 BGB effektiv vor etwaigen Gefährdungen zu schützen. Richtigerweise sollten die aus der Produktbeobachtungspflicht abgeleiteten Reaktions- bzw. Gefahrabwendungspflichten von der Produktbeobachtungspflicht getrennt werden.[47] Diese Reaktions- bzw. Gefahrabwendungspflichten sind zwar unmittelbar mit der Produktbeobachtungspflicht verknüpft; sie sind aber keine notwendige Folge der Produktbeobachtungspflicht. Vielmehr ergibt sich die Pflicht zur Ergreifung von Gefahrabwendungsmaßnahmen aus einer gesonderten Verkehrssicherungspflicht. Die Vielzahl öffentlicher

---

[45] *Foerste* in *ders./Graf von Westphalen*, Produkthaftungshandbuch, 3. Aufl. 2012, § 24 Rn. 374.
[46] *Foerste* in *ders./Graf von Westphalen*, Produkthaftungshandbuch, 3. Aufl. 2012, § 24 Rn. 375.
[47] MüKoBGB/*Wagner*, 8. Aufl. 2020, § 823, Rn. 988.

Sicherheitswarnungen und Rückrufe darf im Übrigen nicht darüber hinwegtäuschen, dass es sich insoweit um pathologische Ausnahmefälle handelt. Der produktrechtliche Regelfall ist weiterhin, dass vor Produkten im Feld nicht gewarnt werden muss bzw. diese nicht aus dem Feld zurückgeholt werden müssen. Ein Grund hierfür liegt erfahrungsgemäß auch darin, dass eine Vielzahl identifizierter Gefahren im Feld bei Lichte betrachtet Bagatellgefahren bilden, welche die Gefahrenschwelle des § 823 Abs. 1 BGB nicht überschreiten.

2.2.2 Produkthaftungsrecht

Das Produkthaftungsrecht kennt demgegenüber keine Produktbeobachtungspflicht. Geregelt ist das Produkthaftungsrecht de lege lata im Gesetz über die Haftung für fehlerhafte Produkte (Produkthaftungsgesetz – ProdHaftG) vom 15.12.1989. Hinter dem ProdHaftG steht (noch) die Richtlinie 85/374/EWG (sog. Produkthaftungsrichtlinie). Erst kürzlich wurde insoweit der Entwurf einer neuen EU-Produkthaftungsrichtlinie vorgelegt.[48] Im vorliegenden Kontext ist fraglos jenes Motiv des EU-Gesetzgebers für die grundlegende Reform interessant, wonach die Neufassung die Frage der Anwendbarkeit des europäischen Produkthaftungsrechts auf „Produkte der modernen digitalen Wirtschaft" klären soll.[49] In absehbarer Zukunft dürfte also auch das ProdHaftG Gegenstand einer umfangreichen Revision bzw. Neufassung sein; denn die nationale Transformation der neuen EU-Produkthaftungsrichtlinie soll innerhalb von nur zwölf Monate nach Inkrafttreten der Richtlinie selbst erfolgen (Art. 18 Abs. 1 Unterabs. 1 des Entwurfs).

Wenn überhaupt, gäbe es im geltenden (europäischen und deutschen) Produkthaftungsrecht auch nur einen Produktbeobachtungsfehler; denn einer der zentralen Begriffe ist der des Fehlers gemäß § 3 Abs. 1 ProdHaftG. Danach hat ein „Produkt einen Fehler,

---

[48] COM(2022) 495 final; dazu *Seehafer*, DB 2022, 3037; *Kapoor/Klindt*, BB 2023, 67; *Schucht*, InTeR 2023, 71; *Handorn*, MPR 2023, 16; *Kapoor*, PHi 2023, 72.
[49] COM(2022) 495 final, S. 2.

wenn es nicht die Sicherheit bietet, die unter Berücksichtigung aller Umstände, insbesondere a) seiner Darbietung, b) des Gebrauchs, mit dem billigerweise gerechnet werden kann, c) des Zeitpunkts, in dem es in den Verkehr gebracht wurde, berechtigterweise erwartet werden kann." Ausdrücklich kein Fehler liegt vor, „weil später ein verbessertes Produkt in den Verkehr gebracht wurde" (§ 3 Abs. 2 ProdHaftG).[50]

Der Grund dafür, dass sich das geltende Produkthaftungsrecht nicht mit der Produktbeobachtung befasst, liegt darin, dass es sich nur für den Zeitraum bis zum Inverkehrbringen interessiert. Was danach geschieht, ist demgegenüber nicht mehr Gegenstand des ProdHaftG.[51] Allerdings ist auch richtig, dass nur eine fortlaufende Produktbeobachtung bei einem über einen längeren Zeitraum hergestellten Produkt gewährleisten kann, sicher einen Konstruktionsfehler gemäß § 3 Abs. 1 ProdHaftG zu vermeiden. Andernfalls kann kaum die ausnahmslose Beachtung des insoweit maßgeblichen Stands von Wissenschaft und Technik sichergestellt werden.[52] Dieser Befund ändert jedoch nichts daran, dass namentlich der Hersteller gemäß § 4 Abs. 1 ProdHaftG keine Schadensersatzansprüche des Geschädigten aus § 1 Abs. 1 ProdHaftG befürchten muss, die auf Versäumnisse bzw. Fehler im Bereich der Produktbeobachtung bzw. der daran gekoppelten Reaktion im Feld gestützt werden.

2.3 Verantwortlicher Personenkreis

Die technische Komplexität smarter Produkte kann zu Schwierigkeiten bei der Identifikation des für die Produktbeobachtung verantwortlichen Wirtschaftsakteurs führen. In der Regel wird in den (Haftungs-)Regelungen für die Produktsicherheit zwischen der Lieferung von „Waren" (der Hardware) und der Erbringung von „Dienstleistungen"

---

[50] Vgl. aus europarechtlicher Perspektive Art. 6 RL 85/374/EWG.
[51] Dazu auch *T. Lenz* in *ders.*, Produkthaftung, 2. Aufl. 2022, § 3 Rn. 327.
[52] Zum Ganzen MüKoBGB/*Wagner*, 8. Aufl. 2020, § 1 ProdHaftG Rn. 62.

(Lieferung von Software) unterschieden. Im Ergebnis wird jedes Szenario unterschiedlich geregelt. Diese hergebrachten Regelungen und Unterscheidungen stoßen bei smarten Produkten jedoch an ihre Grenzen. Denn diese bringen ein höheres Maß an Komplexität in der Interaktion zwischen Hardware einerseits und der sie steuernden Software andererseits mit sich. Dabei hängt das Verhalten der Produkte vielfach zunehmend von veränderbarer Software und Daten ab. Damit wird die Beurteilung, ob ein Produktfehler von der Hard- oder Software verursacht wird bzw. im konkreten Einzelfall wurde, erheblich verkompliziert.

In diesem Zusammenhang sind zahlreiche Szenarien denkbar, in denen die Grenzen zwischen einem Hardware- und Softwarefehler verschwimmen: Bspw. kann das Sicherheitsrisiko eines Geräts durch eine Datenpanne oder die Fehlfunktion der Softwareanwendung eines Drittanbieters verursacht werden. Darüber hinaus sind die Geräte möglicherweise auf eine ununterbrochene Konnektivität angewiesen, ohne die die Sicherheit des Geräts gefährdet sein könnte (oder bleibt, wenn das Gerät defekt ist und auf ein Software-Update zur Behebung des Defekts wartet). Die gegenseitige Abhängigkeit von Waren- und Dienstleistungsherstellern, Akteuren und Verbrauchern im IoT-Ökosystem bedeutet, dass die Zuweisung von Haftung und Verantwortung für die Produktbeobachtung zu einer immer komplexeren Herausforderung wird, da die Ermittlung des sog. root cause von Produktfehlern ungeachtet des technologischen Fortschritts schwieriger wird.[53]

Bei einem Autounfall, an dem (auch) ein autonomes Fahrzeug beteiligt ist, kann z. B. eine Reihe von IoT-Akteuren ganz oder teilweise für den Schaden verantwortlich sein; dazu gehört der Verantwortliche für die Anwendung, welche die Bewegung des Fahrzeugs bestimmt (also bspw. der sog. OEM bzw. Fahrzeughersteller), der Hersteller der Sensoren, der Betreiber des Sensornetzes, der Straßenbetreiber

---

[53] Advancing the Internet of Things in Europe, hrsg. v. der Europäischen Kommission, 2016, https://eur-lex.europa.eu/legal-content/EN/TXT/PDF/?uri=CELEX:52016SC0110&from=EN. (zuletzt abgerufen am 31.01.2023).

oder der Dritte, der die Software bereitgestellt hat.[54] Ein erheblicher Faktor ist daher, dass IoT-Geräte und -Anwendungen aufgrund ihrer Konstruktion von der Technologie Dritter abhängig sind, um ihre grundlegenden Funktionen zu erfüllen und den Nutzen für den Verbraucher zu maximieren.[55] Zudem können die Leistung und Sicherheit eines Produkts durch Eingaben (etwa von Daten oder Befehlen) Dritter nach dem Inverkehrbringen des Produkts verändert werden, und zwar ohne Weiteres unter Umständen, die sich der Kenntnis oder Kontrolle des Herstellers entziehen.[56]

Im Ergebnis können folglich mehrere Wirtschaftsakteure parallel verpflichtet sein, das jeweilige smarte Produkt im Feld zu beobachten und erforderlichenfalls Maßnahmen im Feld zu ergreifen. Neben den Zulieferern und Service-Providern wird es dabei in erster Linie auf denjenigen Wirtschaftsakteur ankommen, der die Gesamtverantwortung für das Produkt innehat. Dies wird regelmäßig der tatsächliche Hersteller des Produkts sein. Neben diesem können freilich insbesondere auch der sog. Quasi-Hersteller, Einführer, Händler und auch Fulfilment-Dienstleister Adressaten der Produktbeobachtungspflicht sein. Zu beachten ist hierbei zum einen, dass nicht jeden dieser (produktsicherheitsrechtlichen) Wirtschaftsakteure die sog. aktive Produktbeobachtungspflicht trifft (s. Abschn. 2.2.1.2.1). Ganz im Gegenteil ist diese vor allem mit dem tatsächlichen Hersteller verknüpft. Im Übrigen steht lediglich die sog. passive Produktbeobachtungspflicht im Fokus (s. Abschn. 2.2.1.2.2).

Zum anderen ist zu berücksichtigen, dass die Definitionen der verschiedenen Wirtschaftsakteure im geltenden Produktrecht variieren. Sie können daher voneinander abweichen. So kann bspw. der Hersteller i.S.d. ProdSG vom Hersteller i.S.d. ProdHaftG und/oder gemäß

---

[54] IoT Raises New Challenges for Assigning Liability, hrsg. v. Medium, 2017, https://medium.com/iotforall/iot-raises-new-challenges-for-assigning-liability-7387b65decd0 (zuletzt abgerufen am 31.01.2023).
[55] Working group 4 Report on Policy Issues, hrsg. v. der Alliance for Internet of Things Innovation (AIOTI), 2015, https://aioti-space.org/wp-content/uploads/2017/03/AIOTIWG04Report2015-Policy- Issues.pdf (zuletzt abgerufen am 31.01.2023).
[56] Consumer Product Safety in the Internet of Things, No. 267, hrsg. v. der OECD, 2018.

§ 823 Abs. 1 BGB abweichen.[57] Die nachfolgende Darstellung der verschiedenen Wirtschaftsakteure ist vor diesem Hintergrund als eine Annäherung an eine übergeordnete Definition der verschiedenen Wirtschaftsakteure zu verstehen.

2.3.1 Hersteller

Im Grundsatz ist derjenige Wirtschaftsteilnehmer Hersteller, der ein Produkt selbst herstellt. Hersteller im produkthaftungsrechtlichen Sinne nach § 4 Abs. 1 S. 1 ProdHaftG ist daher derjenige, der ein zuvor nicht existierendes Produkt tatsächlich erstmals „erzeugt". Der Herstellungsprozess wiederum beginnt mit der Konzeption des Produkts, auf deren Grundlage es gefertigt und anschließend in Verkehr gebracht wird.[58] Daneben kann Hersteller i.S.d. Produktrechts auch sein, wer ein Produkt entwickeln oder herstellen lässt und sodann unter seinem Namen vermarktet (Quasi-Hersteller). Er gibt sich in diesem Fall als Hersteller aus (§ 4 Abs. 1 S. 2 ProdHaftG). Derjenige, das Produkt von einem anderen Unternehmen entwickeln und es sodann vom selben oder einem anderen Unternehmen als sog. verlängerte Werkbank produzieren lässt, um es sodann im eigenen Namen auf dem Markt bereitzustellen, ist demnach Hersteller. Zu beachten ist in diesem Zusammenhang, dass die Herstellereigenschaft gerade nicht voraussetzt, dass alle oder auch nur die Mehrheit der Einzelteile selbst gefertigt werden.

Die EU-weit seit dem 16.07.2021 geltende Definition des produktsicherheitsrechtlichen Herstellers nach Art. 3 Nr. 8 VO (EU) 2019/1020 entspricht im Wesentlichen dem produkthaftungsrechtlichen Begriff gemäß § 4 Abs. 1 ProdHaftG.[59] Im Rahmen der Produkt- und Produzentenhaftung können jedoch – im Unterschied zum

---

[57] Ausführlich *Piovano*, Der Hersteller im europäischen Produktsicherheitsrecht, 2020, S. 179 ff.
[58] *Förster* in BeckOK BGB, 64. Ed. 01.11.2022, § 823 Rn. 758.
[59] Die Unterschiede sind für die Zwecke dieses Werks zu vernachlässigen. Dazu ausführlich *Piovano*, Der Hersteller im europäischen Produktsicherheitsrechts, 2020, S. 179.

Produktsicherheitsrecht, wo der Grundsatz „Es kann nur einen geben." gilt –[60] durchaus mehrere Wirtschaftsakteure parallel als Hersteller angesehen werden.[61]

2.3.2 Zulieferkette

Sofern nur ein (einziger) Hersteller beteiligt ist, trifft nur ihn eine etwaige Haftung für Produktfehler, die ihren Ursprung im Herstellungsprozess haben.[62] Erfahrungsgemäß werden in der Fertigungsphase allerdings weitere Unternehmen beteiligt sein. So kann als Hersteller auch angesehen werden, wer nicht das endgültige Produkt, sondern nur einen Teil davon oder einen Grundstoff erzeugt hat. Sodann kann auch ein sog. Assembler, der am Schluss lediglich nach seinen Vorgaben gefertigte (Ein-)Bauteile zu seinem Produkt zusammenfügt, ohne Weiteres als Hersteller qualifiziert werden. Produktsicherheitsrechtlich, also öffentlich-rechtlich, tritt die Verantwortung der Zulieferer hinter derjenigen des Endherstellers zurück, wenn und weil dieser dem von ihm konstruierten Produkt die endgültige Gestalt gibt, bevor es auf den Markt gelangt. Für jedes Endprodukt gibt es eben nur einen einzigen Hersteller. Die Zulieferer bleiben jedoch als (alleinige) Hersteller (und Wirtschaftsakteure) für die Zulieferprodukte voll verantwortlich.[63] Produkthaftungsrechtlich, also zivilrechtlich, ist die Rechtslage hingegen unübersichtlicher; denn insoweit kommt es auf die konkreten Verursachungsbeiträge an. Fehler des Zulieferprodukts können sich ohne Weiteres im Endprodukt auswirken. Vor diesem Hintergrund kommt auch eine direkte Inanspruchnahme des verantwortlichen Zulieferers durch etwaige Geschädigte in Betracht, wenngleich er typischerweise erst im Regresswege vom zunächst zur Zahlung verpflichteten Endhersteller in Anspruch genommen wird.

---

[60] *Wilrich*, Produktsicherheitsrecht und CE-Konformität, 2021, Kap. 2.3.3.1, S. 151.
[61] Ausführlich *Piovano*, Der Hersteller im europäischen Produktsicherheitsrecht, 2020.
[62] BGH, NJW 1994, 517 (519); OLG Saarbrücken, NJW-RR 1988, 611.
[63] *Kapoor/Klindt*, NVwZ 2012, 719 (720).

2.3.3 Quasi-Hersteller

Quasi-Hersteller ist jeder, der geschäftsmäßig seinen Namen, seine Marke oder ein anderes unterscheidungskräftiges Kennzeichen an einem Produkt anbringt und sich dadurch als Hersteller ausgibt (§ 4 Abs. 1 S. 2 ProdHaftG, § 2 Nr. 15 Hs. 2 Buchst. a ProdSG). Im Rahmen der Quasi-Herstellereigenschaft wird i.S.e. effektiven Verbraucherschutzes insbesondere auf denjenigen Wirtschaftsteilnehmer als Hersteller abgestellt, der für den Endverwender des Produkts am einfachsten als Hersteller identifizierbar ist.[64]

Im zivilrechtlichen Delikts- bzw. Produzentenhaftungsrecht wird der Quasi-Hersteller hinsichtlich seiner Pflichten grosso modo wie ein Händler behandelt. Daher trifft den Quasi-Hersteller gemäß § 823 Abs. 1 BGB auch lediglich die passive Produktbeobachtungspflicht.[65] Im Rahmen des öffentlich-rechtlichen Produktsicherheitsrechts hingegen wird der Quasi-Hersteller als vollwertiger Hersteller angesehen, sodass ihn die produktsicherheitsrechtliche Produktbeobachtungspflicht nach § 6 Abs. 3 ProdSG ohne Einschränkungen adressiert, wenn er ein Verbraucherprodukt i.S.v. § 2 Nr. 25 ProdSG in Verkehr bringt. Ebenso dort[66] wie auch im sektoralen Produktsicherheitsrecht (z. B. im Medizinprodukte-, Spielzeug- oder Niederspannungsrecht) muss er regulatorisch also auch Elemente aus der aktiven Produktbeobachtungspflicht erfüllen (s. Abschn. 2.2.1.2.1).

2.3.4 Importeur (Einführer)

Den Importeur bzw. – so regelmäßig der produktsicherheitsrechtliche Sprachgebrauch – Einführer eines Produkts können die passive und aktive Produktbeobachtungspflicht im Inland treffen. Produkthaftungsrechtlich gilt gemäß § 4 Abs. 2 ProdHaftG auch als Hersteller, „wer

---

[64] *Piovano*, InTeR 2021, 6 (10).
[65] *Ackermann* in *Ehring/Taeger*, NK-ProdR, 2022, § 823 Rn. 44.
[66] Vgl. nur § 6 Abs. 3 S. 1 Nr. 1 ProdSG.

ein Produkt zum Zweck des Verkaufs, der Vermietung, des Mietkaufs oder einer anderen Form des Vertriebs mit wirtschaftlichem Zweck im Rahmen seiner geschäftlichen Tätigkeit in den Geltungsbereich des Abkommens über den Europäischen Wirtschaftsraum einführt oder verbringt" (§ 4 Abs. 2 ProdHaftG).

Produktsicherheitsrechtlich wiederum ist Einführer gemäß Art. 3 Nr. 9 VO (EU) 2019/1020 „jede in der Union ansässige natürliche oder juristische Person, die ein Produkt aus einem Drittstaat auf dem Unionsmarkt in Verkehr bringt." Inverkehrbringen wiederum ist „die erstmalige Bereitstellung eines Produkts auf dem Unionsmarkt" (Art. 3 Nr. 2 VO (EU) 2019/1020). Der Einführer führt somit Produkte eines Herstellers aus einem EU-Drittstaat in den europäischen Binnenmarkt ein, um sie dort zu vertreiben.

2.3.5 Händler

Das Produkthaftungsrecht umfasst grds. keine Händler, da es für die Zurechnung des durch einen Produktfehlers verursachten Schadens an die (Waren-)Herstellung und nicht an den Vertrieb anknüpft.[67] Nur im Ausnahmefall des § 4 Abs. 3 ProdHaftG kann auch jeder Lieferant und damit Händler als Hersteller gelten, also wenn der Hersteller des Produkts nicht festgestellt werden kann. Demgegenüber kennt das Produzentenhaftungsrecht nach § 823 Abs. 1 BGB auch den Händler. Der Händler ist anders als der Hersteller an der Produktion nicht selbst beteiligt. Vielmehr kümmert er sich primär um den Absatz und Vertrieb des fertigen Produkts.[68] Händler sind zumeist im Auftrag des Herstellers oder im eigenen Namen mit Geschäftstätigkeiten befasst, nachdem das Produkt innerhalb der EU oder Deutschlands in Verkehr gebracht worden ist. Auf welchem (Vertriebs-)Weg die Bereitstellung auf dem Markt stattfindet, ist dabei unerheblich. Damit ist insbesondere auch der nach wie vor boomende Vertrieb über das

---

[67] *Ehring* in *Ehring/Taeger*, NK-ProdR, § 4 ProdHaftG Rn. 3.
[68] *Förster* in BeckOK BGB, 64. Ed. 01.11.2022, § 823 Rn. 765.

Internet (Online-Handel) selbstredend als relevante Handelstätigkeit erfasst. Schließlich spielt es auch keine Rolle, ob es sich um einen Groß-, Zwischen- oder Einzelhändler handelt. Produzentenhaftungsrechtlich ist der Händler im Gegensatz zum Hersteller lediglich zur passiven Produktbeobachtung verpflichtet. Er muss daher vor allem Beschwerden und Informationen über mögliche Sicherheitsrisiken entgegennehmen und an den Hersteller, Importeur bzw. Zwischenhändler weiterleiten.[69]

Produktsicherheitsrechtlich ist Händler „jede natürliche oder juristische Person in der Lieferkette, die ein Produkt auf dem Markt bereitstellt, mit Ausnahme des Herstellers und des Einführers" (Art. 3 Nr. 10 VO (EU) 2019/1020). Erneut sind Groß-, Zwischen- und Einzelhändler erfasst.[70] Etwaige Produktbeobachtungspflichten treffen den Händler weder mit Blick auf die nicht-harmonisierten Produkte gemäß § 6 Abs. 3 ProdSG noch im harmonisierten Bereich (vgl. Art. R5 des Anhangs I des Beschlusses Nr. 768/2008/EG).

2.3.6 Fulfilment-Dienstleister

Während es produzentenhaftungsrechtlich noch keine Definition des Fulfilment-Dienstleisters gibt, wird er produktsicherheitsrechtlich erstmalig in Art. 3 Nr. 11 VO (EU) 2019/1020 EU-weit definiert. Danach ist Fulfillment-Dienstleister jede natürliche oder juristische Person, die im Rahmen einer Geschäftstätigkeit mindestens zwei der folgenden Dienstleistungen anbietet:

- Lagerhaltung
- Verpackung
- Adressierung
- Versand von Produkten, an denen kein Eigentumsrecht besteht

---

[69] *Ackermann* in *Ehring/Taeger*, NK-ProdR, 2022, § 823 Rn. 126.

[70] *Wilrich*, Das neue Produktsicherheitsgesetz (ProdSG). Leitfaden für Hersteller, Importeure und Händler, 2012, Rn. 210; *Klindt/Schucht* in Klindt, ProdSG, 3. Aufl. 2021, § 2 Rn. 95.

Ausgenommen sind Postdienste i.S.v. Art. 2 Nr. 1 Richtlinie 97/67/EG, Paketzustelldienste i.S.v. Art. 2 Nr. 2 VO (EU) 2018/644 und alle sonstigen Postdienste oder Frachtverkehrsdienstleistungen. Die im Online-Handel verkauften Produkte werden in der Regel bei Fulfilment-Dienstleistern in der EU gelagert, um eine schnelle Auslieferung an Verbraucher in der EU sicherzustellen.[71] Produktsicherheitsrechtlich gibt es de lege lata (noch) keine Produktbeobachtungspflichten des Fulfilment-Dienstleisters. Im nicht-harmonisierten Bereich folgt dies aus dem erst im Jahr 2021 geschaffenen § 6 Abs. 6 ProdSG, der im Übrigen nur für Verbraucherprodukte gemäß § 2 Nr. 25 ProdSG gilt. Im harmonisierten Bereich gibt es hingegen noch gar keine spezifischen Pflichten des Fulfilment-Dienstleisters.[72]

Produzentenhaftungsrechtlich ist der Fulfillme/nt-Dienstleister am ehesten mit einem Händler vergleichbar, sodass ihn nach unserem Dafürhalten zumindest die passive Produktbeobachtungspflicht trifft. Jedenfalls ist nichts dafür ersichtlich, warum er nicht verpflichtet sein sollte, z. B. einlaufende Beschwerden von Kunden entgegenzunehmen und an den Hersteller bzw. Einführer oder auch (Online-)Händler weiterzuleiten.

2.3.7 Betreiber einer Online-Plattform

Online-Plattformen (auch Verkaufsplattformen oder Online-Marktplätze) rücken in jüngster Zeit verstärkt in den Fokus der (insbesondere europäischen) Gesetzgebung.[73] Mit Blick auf verschiedene europäische Gesetzesvorhaben (s. Kap. 8) können ohne Weiteres auch die Betreiber solcher Plattformen in Zukunft zu Adressaten von Produktbeobachtungspflichten werden.

Online-Plattformen wurden im europäischen Produktsicherheitsrecht (sperrig) als sog. Anbieter von Diensten der Informationsgesell-

---

[71] *Geiß/Moritz/Felz*, NVwZ 2022, 299 (300).
[72] Zum Fulfilment-Dienstleister *Schucht*, StoffR 2022, 150.
[73] Siehe *Schucht/Öttinger*, BB 2022, 2435; *Schucht*, CB 2020, 194.

2 Herleitung der Produktbeobachtungspflicht 37

schaft erstmals in Art. 3 Nr. 14 VO (EU) 2019/1020 definiert.[74] Ein solcher Dienst ist „eine Dienstleistung der Informationsgesellschaft, d. h. jede in der Regel gegen Entgelt elektronisch im Fernabsatz und auf individuellen Abruf eines Empfängers erbrachte Dienstleistung" (Art. 1 Abs. 1 Buchst. b RL (EU) 2015/1535). Eine im Fernabsatz erbrachte Dienstleistung wiederum ist „eine Dienstleistung, die ohne gleichzeitige physische Anwesenheit der Vertragsparteien erbracht wird" (Art. 1 Abs. 1 Buchst. b i RL (EU) 2015/1535).

Im Allgemeinen werden Online-Plattformen als internetbasierte Foren für digitale Interaktion und Transaktion verstanden.[75] Dazu gehören Suchmaschinen, Vergleichs- und Bewertungsportale, Marktplätze/Handelsplattformen, Medien- und Inhaltedienste, Online-Spiele, soziale Netzwerke sowie Kommunikationsdienste. In seiner weiten Definition erfasst der Plattformbegriff alle Dienste, die zwischen einem Inhalteanbieter und den Rezipienten in der Distributionskette stehen, oder sogar Dienste, die eigene Inhalte eines Anbieters aggregieren. Damit umfasst er auch den Begriff der „Internet-Intermediäre" (s. Abschn. 6.2), die eine vor- und nachgelagerte Vermittlungsfunktion zum Nutzer einnehmen. Die obigen Beispiele können vor diesem Hintergrund sowohl als digitale Plattform als auch als Internet-Intermediär angeführt werden. Solche Plattformen können auch nach der Art der Vermittlung in Abhängigkeit der Tiefe der inhaltlichen Einflussnahme unterschieden werden.[76]

Online-Plattformen bzw. ihre Betreiber werden im öffentlich-rechtlichen Produktsicherheitsrecht ungeachtet ihrer rein praktischen und ökonomischen Bedeutung indes (noch) nicht als Wirtschaftsakteur angesehen (Art. 3 Nr. 13 VO (EU) 2019/1020). Da die Plattformen lediglich als Vermittler agieren und Produkte weder (wie die Hersteller und Einführer) selbst in Verkehr bringen noch (wie die Händler) auf dem Markt bereitstellen, unterliegen sie nicht dem gleichen

---

[74] Die Definition gilt auch national, § 2 S. 2 MüG.
[75] So redet der sog. Digital Service Act (DSA) der EU, d. h. das Gesetz über digitale Dienste, in Art. 2 Buchst. h einer weiten Definition der Online-Plattform das Wort.
[76] Regulierung von Online-Plattformen in ausgewählten Ländern und auf EU-Ebene – Medien- und wettbewerbsrechtliche Ansätze, WD 10–3000–061/18, hrsg. v. Deutschen Bundestag, S. 9 f.

Pflichtenkanon wie Wirtschaftsakteure. Sie können daher auch nur subsidiär Adressat von Marktüberwachungsmaßnahmen werden, sofern es keine anderen Möglichkeiten gibt, ein ernstes Risiko zu beseitigen (Art. 14 Abs. 4 Buchst. k ii VO (EU) 2019/1020 (national i.v.m. § 7 Abs. 1 S. 1 MüG).[77] In Zukunft werden sich die Plattformen freilich auf eine schärfere (produktrechtliche) Regulierung einstellen müssen.[78]

2.3.8 Produzentenhaftungsrechtliche Verkehrssicherungspflichten nach § 823 Abs. 1 BGB

Im Rahmen der Produzentenhaftung nach § 823 Abs. 1 BGB existieren keine feststehenden Definitionen z. B. von Herstellern, Einführern oder Händlern. Vielmehr knüpft dieses spezifische nationale Haftungsregime an Sorgfaltspflichten an, die von der Rechtsprechung entwickelt wurden und deren (schuldhafte) Missachtung ohne Weiteres zu einer Haftung führen kann (s. Abschn. 2.2.1). Diese als Verkehrssicherungspflichten bezeichneten Sorgfaltspflichten stimmen im Bereich der sog. Vormarktpflichten (bis zum Inverkehrbringen)[79] freilich eins-zu-eins mit den Fehlerbegriffen überein, die namentlich für den Hersteller im ProdHaftG relevant sind.[80]

Eine Verletzung der Konstruktionspflicht liegt vor, wenn das Produkt schon seiner Konstruktion nach jenem Sicherheitsstandard nicht entspricht, der nach dem im Zeitpunkt des Inverkehrbringens des Produkts vorhandenen neuesten Stand der Wissenschaft und Technik und damit umgekehrt nicht nur nach Branchenüblichkeit konstruktiv möglich ist. Ein Fehler in der Planungs- und Entwicklungsphase wirkt sich somit

---

[77] *Giesberts/Gayger* in *Ehring/Taeger*, NK-ProdR, 2022, § 9 MÜG Rn. 27.
[78] *Schucht*, GewArch 2022, 394 (400), zur neuen EU-Produktsicherheitsverordnung.
[79] Im Unterschied zum ProdHaftG kennt die Produzentenhaftung gemäß § 823 Abs. 1 BGB indes mit der Produktbeobachtungspflicht auch Verkehrssicherungspflichten nach dem Inverkehrbringen von Produkten.
[80] BGH, NJW 2009, 2952 (2953).

auf die gesamte Produktserie aus.[81] Im Rahmen der Produktion hat der Hersteller sodann negative Abweichungen eines einzelnen Produkts oder einzelner Produkte vom Design bzw. Bauplan zu vermeiden (sog. Fabrikationspflicht). Schließlich liegt ein Instruktionsfehler vor, wenn der Verwender eines Produkts nicht ausreichend über den Umgang mit dem Produkt und mögliche Gefahren informiert wird.[82] Der Hersteller hat den Verwender insbesondere in die Lage zu versetzen, sein Produkt trotz einer möglichen (und ggf. konstruktiv unvermeidbaren) Gefahr sicher zu verwenden.

Literatur

1. *Droste*, Produktbeobachtungspflichten der Automobilhersteller bei Software in Zeiten vernetzten Fahrens, CCZ 2015, 105.
2. *Ehring/Taeger*, Produkthaftungs- und Produktsicherheitsrecht, 2022.
3. *Geiß/Moritz/Felz*, Neue Akteure und neue Befugnisse im Recht der Produktsicherheit und der Marktüberwachung, NVwZ 2022, 299.
4. *Geiß/Doll*, Geräte- und Produktsicherheitsgesetz (GPSG), 2005.
5. *Klindt*, ProdSG, 3. Aufl. 2021.
6. ders./*Wende*, Produktbeobachtungspflichten 2.0 – Social Media-Monitoring und Web-Screening, BB 2016, 1419.
7. *Lenz*, Produkthaftung, 2. Aufl. 2022.
8. *Michalski*, Produktbeobachtung und Rückrufpflicht des Produzenten, BB 1998, 961.
9. *Piovano*, Der Hersteller im europäischen Produktsicherheitsrecht, 2020.
10. ders., Rechtsfragen bei der Identifikation des produktsicherheitsrechtlichen Herstellers bei OEM-Geschäften, InTeR 2021, 6.
11. *Schucht*, Der Fulfilment-Dienstleister im Produktsicherheitsrecht. Rolle, Pflichten, Rechtsrisiken, StoffR 2022, 150.
12. ders., Der Einführer im Produktsicherheitsrecht – Rolle, Pflichten, Rechtsrisiken

---

[81] BGH, NJW 2009, 2952 (2952).
[82] MüKoBGB/*Wagner*, 8. Aufl. 2020, § 3 ProdHaftG Rn. 41.

13. *ders.*, Die neue EU-Marktüberwachungsverordnung. Praxisleitfaden für die Herausforderungen im europäischen Produktsicherheitsrecht, 2021.
14. *ders.*, Online-Händler, Fulfilment-Dienstleister und Verkaufsplattformen im Fokus der neuen EU-Marktüberwachungsverordnung, CB 2020, 194.
15. *ders.*, Der Händler im Produktsicherheitsrecht – Rolle, Pflichten, Rechtsrisiken, CCZ 2020, 322.
16. *ders./Öttinger*, Online-Marktplätze im Produktrecht, BB 2022, 2435.
17. *Wilrich*, Produktsicherheitsrecht und CE-Konformität, 2021.
18. *ders.*, Das neue Produktsicherheitsgesetz (ProdSG). Leitfaden für Hersteller, Importeure und Händler, 2012.

3
Rechtsfolgen beim Verstoß gegen die Produktbeobachtungspflicht

Zusammenfassung Die Produktbeobachtungspflicht wäre im Ergebnis ein zahnloser Tiger, wenn etwaige Verstöße nicht wirksam sanktioniert werden könnten. Tatsächlich sollten die zur Produktbeobachtung verpflichteten Wirtschaftsakteure diese Rechtspflicht sehr ernst nehmen: Die Rechtsfolgen umfassen insbesondere die Zahlung von Schadensersatz und/oder Schmerzensgeld, wenn die erforderliche Reaktion i.S.e. Gefahrabwendung im Feld unterbleibt. Daneben gibt es auch genuin strafrechtliche Implikationen. Dieses Kapitel wird die einzelnen Rechtsfolgen ebenso übersichtlich wie detailliert darstellen.

> **Was Sie aus diesem Kapitel mitnehmen**
> - Mögliche rechtliche Konsequenzen bei Verstößen gegen die Produktbeobachtungspflicht.
> - Welche Maßnahmen Marktüberwachungsbehörden bei Verstößen gegen die öffentlich-rechtliche Produktbeobachtungspflicht anordnen können.

- Ob Verstöße gegen die öffentlich-rechtliche Produktbeobachtungspflicht als Ordnungswidrigkeiten und/oder Straftaten sanktioniert werden können.
- Dass Schadensersatzansprüche von Geschädigten die Folge eines Verstoßes gegen die zivilrechtliche Produktbeobachtungspflicht sein können.

3.1 Öffentliches Recht

Mit Blick auf das öffentliche Recht ist erneut zwischen dem harmonisierten Bereich einerseits (s. Abschn. 2.1.1) und dem nicht-harmonisierten Bereich andererseits (s. Abschn. 2.1.2) zu unterscheiden.

3.1.1 Harmonisierter Bereich

Bevor die Rechtsfolgen im harmonisierten Bereich dargestellt werden sollen, ist in Erinnerung zu rufen, dass smarte Produkte grds. harmonisierte Produkte sind (s. Abschn. 2.1.1).

3.1.1.1 Marktüberwachungsrecht

Zunächst ist das geltende Marktüberwachungsrecht in den Fokus des Interesses zu rücken. Dabei ist die Frage zu beantworten, ob die zuständigen Marktüberwachungsbehörden die Befugnis haben, auf Verstöße gegen die öffentlich-rechtliche Pflicht zur Produktbeobachtung (s. Abschn. 2.1) mit entsprechenden Marktüberwachungsmaßnahmen zu reagieren.

3.1.1.1.1 Aufgaben der Marktüberwachungsbehörden

Auch wenn die Aufgaben der Marktüberwachungsbehörden typischerweise nicht im Fokus stehen, verdienen sie vorliegend besondere

Aufmerksamkeit. Im Zusammenhang mit den Aufgaben ist die Frage zu beantworten, ob sich die Marktüberwachungsbehörden überhaupt mit dem Thema der öffentlich-rechtlichen Produktbeobachtungspflicht befassen dürfen. Es geht also (noch) nicht darum, ob sie auch in der Lage sind, etwaige Verstöße zu sanktionieren, indem sie darauf mit Marktüberwachungsmaßnahmen reagieren. Die Antwort auf diese Frage gibt das sog. Befugnisrecht.

Dass der Umgang mit der öffentlich-rechtlichen Produktbeobachtungspflicht sehr wohl zu den Aufgaben der Marktüberwachungsbehörden im harmonisierten Bereich gehört, folgt aus Art. 11 Abs. 1 Buchst. a VO (EU) 2019/1020 (sog. EU-Marktüberwachungsverordnung)[1]. Danach gewährleisten die Marktüberwachungsbehörden „im Rahmen der Ausführung ihrer Tätigkeiten a) in ihrem Hoheitsgebiet die effektive Marktüberwachung von online und offline bereitgestellten Produkten, die den Harmonisierungsrechtsvorschriften der Union unterliegen". Im Rahmen dieser Tätigkeiten können auch geeignete Überprüfungen der Merkmale von Produkten vorgenommen werden, indem etwa Unterlagen überprüft werden (Art. 11 Abs. 3 Unterabs. 1 VO (EU) 2019/1020). Diese weit gefasste Aufgabe kann naturgemäß ebenso auf Unterlagen über die öffentlich-rechtliche Produktbeobachtungspflicht bezogen werden; denn fraglos lassen sich daraus Rückschlüsse auf „Merkmale von Produkten" ziehen. Ganz generell sollen die Marktüberwachungsbehörden „ihre Ressourcen und Maßnahmen dahingehend ausrichten, dass sie den Markt wirksam überwachen können" (Art. 11 Abs. 3 Unterabs. 1 VO (EU) 2019/1020).

3.1.1.1.2 Befugnisse der Marktüberwachungsbehörden

Die Befugnisse der europäischen Marktüberwachungsbehörden werden seit dem 16.7.2021 EU-weit einheitlich in Art. 14 Abs. 4 VO (EU)

---

[1] Zur sog. MÜ-VO *Schucht*, Die neue EU-Marktüberwachungsverordnung. Praxisleitfaden für die Herausforderungen im europäischen Produktsicherheitsrecht, 2021. Siehe auch *Seehafer*, ZfPC 2022, 27; *Schucht*, GewArch 2020, 259; *Geiß/Felz*, NJW 2019, 2961.

2019/1020 vorgegeben. Zu beachten ist allerdings, dass die weitreichenden Befugnisse aus Art. 14 Abs. 4 VO (EU) 2019/1020 zum Zwecke ihrer Wirksamkeit in nationales Produktsicherheits- bzw. Marktüberwachungsrecht umgesetzt werden müssen; denn die EU-Mitgliedstaaten müssen die für die Anwendung der EU-Marktüberwachungsverordnung und der Harmonisierungsrechtsvorschriften der Union erforderlichen Befugnisse ihren Marktüberwachungsbehörden ausdrücklich übertragen (Art. 14 Abs. 1, 4 VO (EU) 2019/1020). Tatsächlich erfolgte diese Übertragung durch § 7 Abs. 1 S. 1 MüG. Mit diesem Gesetz ist das junge Gesetz zur Marktüberwachung und zur Sicherstellung der Konformität von Produkten (Marktüberwachungsgesetz – MüG) vom 09.06.2021[2] gemeint, das nunmehr das nationale Marktüberwachungsrecht beinhaltet und zugleich das ProdSG 2021 um jenen Bereich entlastete.[3] Es gilt insbesondere für den gesamten sachlichen Anwendungsbereich der Verordnung (EU) 2019/1020 (§ 1 Abs. 1 MüG).

Einschlägig im Katalog des Art. 14 Abs. 4 VO (EU) 2019/1020 können bei verständiger Würdigung insoweit nur die informationsbezogenen Befugnisse sein. So beinhaltet Art. 14 Abs. 4 Buchst. a VO (EU) 2019/1020 „die Befugnis, von Wirtschaftsakteuren die Vorlage von relevanten Dokumenten, technischen Spezifikationen, Daten oder Informationen über die Konformität und technische Aspekte des Produkts zu verlangen". Diese allgemeine Informationsbefugnis wird sich richtigerweise auch auf den Bereich der öffentlich-rechtlichen Produktbeobachtungspflicht beziehen können; denn de facto handelt es sich insoweit jedenfalls um Daten oder Informationen über die Konformität des Produkts. Eine andere Lesart ist juristisch zwar durchaus vertretbar; sie dürfte aber bei Lichte betrachtet auf einen nicht unberechtigten Widerstand (der Marktüberwachungsbehörden) treffen.

---

[2] BGBl. I S. 1723.
[3] Zum neuen nationalen Marktüberwachungsrecht *Schucht*, ZfPC 2022, 50; *Wiebe*, DVBl 2022, 214 (217 ff.).

Ob sich allfällige Diskussionen vor diesem Hintergrund lohnen, darf daher bezweifelt werden, es sei denn, dass der Zweck in reiner Verzögerung besteht.

Wichtig ist sodann, dass über diese informationelle Befugnis hinaus keine weiteren Marktüberwachungsmaßnahmen einschlägig sind. Schließlich kommen diese vor allem dann in Betracht, wenn und soweit mit Blick auf ein konkretes Produkt überhaupt die erste Stufe im Marktüberwachungsverfahren gemäß Art. 16 Abs. 1 VO (EU) 2019/1020 erreicht wird: Erst wenn ein Produkt „wahrscheinlich die Gesundheit oder Sicherheit der Nutzer gefährdet" (Buchst. a) oder „nicht den geltenden Harmonisierungsrechtsvorschriften der Union entspricht" (Buchst. b), ergreifen die Marktüberwachungsbehörden geeignete Maßnahmen. Zu diesem Zweck fordern sie (auf der zweiten Stufe des insgesamt dreistufigen Marktüberwachungsverfahrens) „den einschlägigen Wirtschaftsakteur unverzüglich auf, angemessene und verhältnismäßige Korrekturmaßnahmen zu ergreifen, um die Nichtkonformität oder das Risiko binnen eines von ihnen festzulegenden Zeitraums zu beenden" (Art. 16 Abs. 2 VO (EU) 2019/1020). Die Betonung liegt vorliegend also auf dem nichtkonformen Produkt – und damit umgekehrt nicht auf der Verletzung der Pflichten etwa der Hersteller oder Einführer wie insbesondere der Produktbeobachtungspflicht! Abgesehen davon kann indes ein etwaiges Herausgabeverlangen gemäß § 7 Abs. 1 S. 1 MüG i.V.m. Art. 14 Abs. 4 Buchst. a VO (EU) 2019/1020 erstens nicht nur mit den Mitteln des Verwaltungszwangs vollstreckt werden, wenn es nicht ordnungsgemäß bedient wird. Die betreffende Marktüberwachungsbehörde kann ein unkooperatives Verhalten des Herstellers bzw. Einführers darüber hinaus zweitens zum Anlass für eine (intensivere) Produktüberprüfung nehmen (§ 7 Abs. 1 S. 1 MüG i.V.m. Art. 14 Abs. 4 Buchst. d, j VO (EU) 2019/1020).

Weil de lege lata nur der Hersteller und Einführer zur öffentlich-rechtlichen Produktbeobachtung verpflichtet sind, ist abschließend darauf hinzuweisen, dass eine marktüberwachungsbehördliche Tätigkeit in diesem Bereich gegenüber dem Bevollmächtigten, Händler und Fulfilment-Dienstleister richtigerweise ausscheidet.

3.1.1.2 Ordnungswidrigkeiten- und Strafrecht

Wenn und soweit gegen öffentlich-rechtliche Pflichten verstoßen wird, kommt freilich nicht nur eine marktüberwachungsbehördliche Reaktion in Betracht. Hinzu kommen kann eine Sanktionierung über das Ordnungswidrigkeiten- und Strafrecht. Insoweit ist erstens festzuhalten, dass das Sanktionsrecht (noch immer) rein nationales (Produktsicherheits-)Recht ist. So heißt es etwa in Art. 24 S. 1 RL 2014/35/EU (sog. EU-Niederspannungsrichtlinie)[4], dass die Mitgliedstaaten „Regelungen für Sanktionen" festlegen, „die bei Verstößen von Wirtschaftsakteuren gegen die nach Maßgabe dieser Richtlinie erlassenen nationalen Rechtsvorschriften verhängt werden". Zudem treffen sie die zu deren Durchsetzung erforderlichen Maßnahmen. Die Regelungen „können bei schweren Verstößen strafrechtliche Sanktionen vorsehen" (Art. 24 S. 2 RL 2014/35/EU). Dementsprechend sah auch jüngst die EU-Marktüberwachungsverordnung in Art. 41 Abs. 2 VO (EU) 2019/1020 vor, dass die von den EU-Mitgliedstaaten festzulegenden Sanktionen „wirksam, verhältnismäßig und abschreckend" sein müssen (Art. 41 Abs. 2 VO (EU) 2019/1020). Gegenstand etwaiger Sanktionen können insbesondere auch Bestimmungen der in Anhang II der Verordnung (EU) 2019/1020 aufgeführten Harmonisierungsrechtsvorschriften der Union sein, die den Wirtschaftsakteuren Verpflichtungen auferlegen. Im Anhang II der Verordnung (EU) 2019/1020 sind jene Harmonisierungsrechtsvorschriften der Union zu finden, die bislang (noch) keine Bestimmungen über Sanktionen enthalten.

Alles in allem folgt aus diesem Regelungsgefüge, dass der Fokus der insoweit betroffenen Wirtschaftsakteure auf dem nationalen (Produktsicherheits-)Recht liegen muss. Aus Gründen der Klarstellung ist zugleich darauf hinzuweisen, dass es angesichts dieses Befunds nicht überraschen kann, wenn die entsprechenden Gestaltungsspielräume in den 27 EU-Mitgliedstaaten unterschiedlich genutzt wurden bzw. werden. Vor diesem Hintergrund muss davor gewarnt werden,

---

[4] Zum europäischen Niederspannungsrecht *Schucht*, EuZW 2013, 90; *ders.*, InTeR 2014, 149.

gesicherte Informationen oder Rechercheergebnisse aus einem EU-Mitgliedstaat unbesehen auf einen anderen zu übertragen; denn es kann ohne Weiteres vorkommen, dass die staatlichen Reaktionen ganz unterschiedlich im jeweiligen nationalen Gesetz ausgestaltet sind.

3.1.1.2.1 Ordnungswidrigkeitenrecht

Tatsächlich ist das produktsicherheitsrechtliche Ordnungswidrigkeitenrecht im Allgemeinen sehr disparat und wenig konsistent. Bei Analyse der relevanten Bestimmungen drängt sich der Eindruck auf, dass es mehr oder weniger vom Zufall abhängt, ob ein spezifischer Pflichtverstoß als Ordnungswidrigkeit verfolgt wird oder nicht. Festhalten lässt sich jedenfalls, dass der Fokus des nationalen Gesetz- und Verordnungsgebers insoweit auf Verletzungen des formellen Rechts liegt. Ganz konkret werden etwa insbesondere Verstöße gegen das geltende Kennzeichnungsrecht oder gegen Vorgaben zur Durchführung des Konformitätsbewertungsverfahrens (unter Einbeziehung der EG- bzw. EU-Konformitätserklärung und CE-Kennzeichnung) ordnungswidrigkeitenrechtlich in Bezug genommen.[5]

Sodann kann (für die verpflichteten Hersteller und Einführer erfreulicherweise) konstatiert werden, dass Verstöße gegen die öffentlich-rechtliche Produktbeobachtungspflicht in der Bundesrepublik Deutschland derzeit ausdrücklich nicht mit Geldbußen sanktioniert werden können. Die entsprechenden Pflichten spielen erkennbar keine Rolle in den jeweiligen sektoralen Katalogen relevanter Ordnungswidrigkeitentatbestände.

3.1.1.2.2 Strafrecht

Erst recht gibt es derzeit keine Straftatbestände im Nebenstrafrecht, welche etwaige Verstöße gegen die öffentlich-rechtliche Produkt-

---

[5] Vgl. exemplarisch § 19 der 1. ProdSV; § 22 Abs. 1, 2 der 2. ProdSG; § 8 der 9. ProdSV.

beobachtungspflicht sanktionieren.[6] Dies folgt erstens schon daraus, dass die (wenigen) existierenden produktsicherheitsrechtlichen Straftatbestände grds. auf vorhandenen Ordnungswidrigkeitentatbeständen aufsetzen (vgl. nur § 20 der 1. ProdSV, § 22 Abs. 3 der 2. ProdSV oder § 9 PSA-DG).[7] Nur wenn ein vorsätzlich verwirklichter Ordnungswidrigkeitentatbestand beharrlich wiederholt oder durch eine solche vorsätzliche Handlung Leben oder Gesundheit eines anderen oder fremde Sachen von bedeutendem Wert gefährdet werden, kommt eine Hochstufung zur Straftat in Betracht.[8] Z.T. kennen die produktsicherheitsrechtlichen Rechtsakte auch gar keine Straftatbestände, sondern nur Bußgeldvorschriften (vgl. nur § 6 der 13. ProdSV, § 33 EMVG oder § 37 FuAG).

3.1.2 Nicht-harmonisierter Bereich

Bevor der Fokus auf den nicht-harmonisierten Bereich gerückt werden soll, ist in Erinnerung zu rufen, dass smarte Produkte grds. dem harmonisierten Bereich zuzuordnen sind. Sie sind in diesem Fall insbesondere mit der CE-Kennzeichnung versehen (dazu Abschn. 2.1.1).

3.1.2.1 Marktüberwachungsrecht

Das Marktüberwachungsrecht für den nicht-harmonisierten Bereich ist grds. mit jenem für den harmonisierten Bereich vergleichbar (dazu Abschn. 3.1.1.1). Der Grund hierfür liegt darin, dass das Marktüber-

---

[6] Die Straftatbestände aus dem Strafgesetzbuch (StGB) werden von vornherein nur relevant, wenn Verstöße gegen die Gefahrabwendungspflicht in Rede stehen.
[7] Anders verhält es sich im Medizinprodukterecht, vgl. die §§ 92–94 MPDG.
[8] Vgl. hierzu die allgemeine Regelung in § 29 ProdSG, die z. B. von § 22 Abs. 3 der 14. ProdSV rezipiert wird. Dort wird auch explizit auf die Strafbarkeit gemäß § 29 ProdSG hingewiesen.

wachungsgesetz ausdrücklich auch für alle Produkte im Anwendungsbereich des ProdSG gilt (§ 1 Abs. 2 S. 1 MüG). Folglich wird

- bezüglich der Aufgaben auch im nicht-harmonisierten Bereich auf Art. 11 Abs. 1, 3 VO (EU) 2019/1020 verwiesen wird (§ 8 Abs. 1 MüG) und
- gelten die Befugnisse aus Art. 14 Abs. 4, 5 VO (EU) 2019/1020 ebenfalls im nicht-harmonisierten Bereich (§ 7 Abs. 1 S. 1 MüG).

Der nationale Gesetzgeber hat sich ganz bewusst dafür entschieden, das europäische Marktüberwachungsrecht mit seiner Geltung bei den 70 EU-Rechtsakten in Anhang I der Verordnung (EU) 2019/1020 eins-zu-eins auf den nicht-harmonisierten Bereich zu übertragen. Das ausdrückliche Ziel waren „einheitliche Marktüberwachungsbestimmungen".[9]

Aus diesem Grund lassen sich die Erkenntnisse aus dem harmonisierten Bereich eins-zu-eins auf den nicht-harmonisierten Bereich übertragen. Daraus folgt, dass sich die Marktüberwachungsbehörden zum einen auf die Befugnis aus § 7 Abs. 1 S. 1 MüG i.V.m. Art. 14 Abs. 4 Buchst. a VO (EU) 2019/1020 berufen können. Zum anderen gibt es seit dem 16.7.2021 eine auf Verstöße gegen § 6 ProdSG zugeschnittene Norm im ProdSG. Gemeint ist damit § 25 ProdSG, der sich mit der „Marktüberwachung" befasst. Gemäß § 25 Abs. 7 ProSG können die (deutschen) Marktüberwachungsbehörden „im Einzelfall gegenüber dem Wirtschaftsakteur die erforderlichen Maßnahmen zur Erfüllung der ihm auferlegten Pflichten nach § 6 oder § 24 ProdSG anordnen." Ausdrücklich in Bezug genommen wird damit § 6 ProdSG im Allgemeinen und § 6 Abs. 3 ProdSG im Besonderen. Eingefügt wurde § 6 ProdSG (neben § 24 ProdSG) freilich erst im Laufe des Gesetzgebungsverfahrens durch den Bundesrat, und zwar mit der Begründung, dass erst diese Erweiterung insbesondere Verstöße gegen § 6 Abs. 1 S. 1 Nrn. 2, 3 ProdSG zu sanktionieren erlaube; denn im Falle fehlender Kontaktdaten oder fehlender Identifikationskenn-

---

[9] BR-Drs. 167/21, S. 1.

zeichnungen sei § 8 Abs. 2 S. 1 MüG i.V.m. Art. 16 Abs. 1 VO (EU) 2019/1020 nicht anwendbar. (Fußnote einfügen: Zum Ganzen BR-Drs. 19/28406, S. 99 f.) Auch wenn diese Ansicht nicht überzeugen kann, weil Art. 16 Abs. 1-6 VO (EU) 2019/1020 laut § 8 Abs. 2 S. 1 MüG eben nur „entsprechend" gelten und Art. 16 Abs. 1 Buchst. b VO (EU) 2019/1020 damit naturgemäß nicht notwendigerweise einen Verstoß gegen Harmonisierungsrechtsvorschriften der Union verlangt, stimmte die Bundesregierung ihr explizit zu. (Fußnote einfügen: BR-Drs. 19/28406, S. 113.) Im Ergebnis ist der weit formulierte § 25 Abs. 7 ProdSG freilich nicht nur bei Verstößen gegen die Verkehrsfähigkeit gemäß § 6 Abs. 1 S. 1 Nrn. 2, 3 ProdSG einsetzbar. Er kann ohne Weiteres auch bei Verstößen gegen die öffentlich-rechtliche Produktbeobachtungspflicht aus § 6 Abs. 3 ProdSG zum Einsatz gelangen.

3.1.2.2 Ordnungswidrigkeiten- und Strafrecht

Die Ordnungswidrigkeitentatbestände für den nicht-harmonisierten Bereich sind in § 28 Abs. 1 ProdSG geregelt. Dort gibt es nunmehr 13 Nummern, wobei die Nummern 7 und 13 jeweils zwei Alternativen (Buchst. a und b) aufweisen. Auch wenn die Regelung in § 6 ProdSG eine relevante Rolle innerhalb des Katalogs spielt, weil sie immerhin von zwei Tatbeständen in Bezug genommen wird (Nrn. 3, 4), gilt dies gerade nicht für die öffentlich-rechtliche Produktbeobachtungspflicht aus § 6 Abs. 3 ProdSG: Der Verstoß gegen diese Pflicht der Hersteller, Bevollmächtigten und Einführer kann damit in der Bundesrepublik Deutschland nicht mit einer Geldbuße sanktioniert werden.

Strafbar sind etwaige Verstöße gegen die öffentlich-rechtliche Produktbeobachtungspflicht daher erst recht nicht; denn der praktisch kaum relevante § 29 ProdSG nimmt lediglich die Ordnungswidrigkeiten gemäß § 28 Abs. 1 Nrn. 7 Buchst. a, 9, 13 Buchst. a ProdSG in Bezug. Hinzu kommen muss erstens eine vorsätzliche Handlung und zweitens eine beharrliche Wiederholung oder (alternativ) die Gefährdung von Leben oder Gesundheit eines anderen oder von fremden Sachen von bedeutendem Wert.

3.2 Zivilrecht

Innerhalb des Zivilrechts liegt der Schwerpunkt auf dem nationalen und in § 823 Abs. 1 BGB verankerten Produzentenhaftungsrecht. Der Grund hierfür liegt darin, dass sich das Produkthaftungsrecht gar nicht erst zur Produktbeobachtung verhält; denn das Produkthaftungsrecht interessiert sich allein für den Zeitraum bis zum Inverkehrbringen von Produkten (vgl. dazu Abschn. 2.2.2). Einen Produktbeobachtungsfehler, der denklogisch erst nach dem Inverkehrbringen relevant werden kann, i.S.d. § 3 Abs. 1 ProdHaftG kennt es daher nicht.

3.2.1 Produzentenhaftungsrecht

3.2.1.1 Praxisrelevante Verstöße gegen die Produktbeobachtungspflicht

Wenn und soweit schuldhaft gegen die Produktbeobachtungspflicht als Ausdruck einer originären Verkehrssicherungspflicht verstoßen wird, kommt nach den allgemeinen Regeln ohne Weiteres eine Haftung auf Schadensersatz und/oder Schmerzensgeld gemäß § 823 Abs. 1 BGB in Betracht. In der Literatur wird freilich zu Recht darauf hingewiesen, dass die Verletzung der Produktbeobachtungspflicht allein nicht ohne Weiteres mit einem sicherheitsrelevanten Produktfehler einhergeht, zumal bloßes Nichtbeobachten nicht unmittelbar zu einem Schaden führt.[10] Die betreffende Pflicht ist vielmehr Mittel zum Zweck der Reaktion in Gestalt der Gefahrabwendung im Feld. Produzentenhaftungsrechtlich relevante Schäden entstehen daher erst dann, wenn eine erforderliche Reaktion im Feld unterbleibt, weil zuvor gegen die Produktbeobachtungspflicht verstoßen wurde. Dieses Szenario ist in praxi stets dann besonders relevant, wenn der erforderlichen Reaktion sog. Entwicklungsrisiken zugrunde liegen; denn in diesem Fall können etwaige Schadensersatz- und/oder Schmerzensgeldansprüche allein

---

[10] MüKoBGB/*Wagner*, 8. Aufl. 2020, § 823 Rn. 988.

auf die Verletzung der Produktbeobachtungspflicht gestützt werden. Ein Entwicklungsrisiko liegt vor, wenn ein Konstruktionsfehler nach dem Stand der Wissenschaft und Technik in dem Zeitpunkt, in dem der Hersteller das Produkt in Verkehr brachte, nicht erkannt werden konnte. Der Fehler tritt erst zu einem späteren Zeitpunkt auf. Eine (parallel) vorliegende Verletzung der Konstruktionspflicht ist in diesem Fall (mangels Verschuldens) nicht gegeben (und in diesem Szenario scheitert produkthaftungsrechtlich eine Haftung an § 1 Abs. 2 Nr. 5 ProdHaftG). Eine Haftung aus der unterlassenen Produktbeobachtung, die den später auftretenden Konstruktionsfehler zutage gefördert hätte, kann jedoch angenommen werden. Gerade bei innovativen smarten Produkten ist (auch mit Blick auf ihre Kombinierbarkeit) anzunehmen, dass Entwicklungsrisiken tendenziell eher in Betracht kommen als bei herkömmlichen Produkten. Allerdings muss auch festgehalten werden, dass bei smarten Produkten ebenso wenig eine pauschale Entlastung gemäß § 1 Abs. 2 Nr. 5 ProdHaftG in Betracht kommt: Entscheidend ist, ob das Autonomierisiko erkennbar ist – umgekehrt kommt es nicht darauf an, ob z. B. das Verhalten eines autonomen Systems in der konkreten Gefahrensituation vorhersehbar ist.[11]

Aus der Perspektive des Herstellers kommen dabei die folgenden Pflichtverstöße in Betracht:

- Von vornherein werden keine bzw. nicht alle relevanten (und tatsächlich verfügbaren) Informationen aktiv gesammelt.
- Passiv zugespielte Informationen werden nicht (ausnahmslos) entgegengenommen bzw. ausgewertet.
- Die vorliegenden Informationen werden falsch ausgewertet, sodass die erforderliche Reaktion nicht erkannt wird.[12]

Diese Modalitäten von Verstößen gegen die Produktbeobachtungspflicht setzen jeweils voraus, dass die betreffenden Produkte tatsächlich gefährlich sind. Andernfalls können etwaige Verstöße gar nicht erst zu Ansprüchen

---

[11] MüKoBGB/*Wagner*, 8. Aufl. 2020, § 1 ProdHaftG Rn. 61.
[12] Vgl. zum Ganzen MüKoBGB/*Wagner*, 8. Aufl. 2020, § 823 Rn. 992.

auf Schadensersatz bzw. Schmerzensgeld führen, weil es zu keinen Schäden im Feld kommt. Kritisch ist daher jenes Szenario, bei dem die Produktbeobachtungspflicht nicht ordnungsgemäß wahrgenommen wird, das zu beobachtende Produkt indes im Feld gefährlich ist. In diesem Fall unterbleibt dann die erforderliche Reaktion des Herstellers in Gestalt z. B. einer Sicherheitswarnung oder eines Rückrufs, sodass etwaige Schäden im Feld kausal auf die unzureichende Produktbeobachtung sowie auch auf die unterbliebe Gefahrabwendung im Feld zurückzuführen sind. In diesem Fall gibt es also gleich mehrere juristisch relevante Anknüpfungspunkte für eine Verletzung einer produzentenhaftungsrechtlichen Verkehrssicherungspflicht. Hinzu kommt, dass es der Hersteller in diesem Fall versäumt, ggf. mögliche und erforderliche Anpassungen in der laufenden (Serien-)Produktion vorzunehmen, seien sie konstruktiver, fabrikativer oder instruktiver Natur. Diese Versäumnisse können in der Folge zu einer weiteren Haftung des Herstellers führen.

Zu unterscheiden sind diese Verstöße gegen die Produktbeobachtungspflicht von Verletzungen der sich ggf. anschließenden Reaktionspflicht. Insoweit kommen vor allem die folgenden Pflichtverstöße in Betracht:

- Unterlassen der erforderlichen Gefahrabwendungsmaßnahme.
- Ergreifen einer unzureichenden bzw. falschen Gefahrabwendungsmaßnahme.
- Keine effektive Gefahrabwendung im Feld, weil z. B. infolge der Verwendung von zu wenigen bzw. der falschen Kommunikationskanäle z. B. zu wenige Nutzer erreicht wurden.

Erneut aktivieren diese Pflichtverstöße entsprechende Ansprüche eines Geschädigten aus § 823 Abs. 1 BGB, die ohne Weiteres neben Ansprüchen stehen können, die auf eine Verletzung der Konstruktions-, Fabrikations- und Instruktionspflicht gemäß § 823 Abs. 1 BGB gestützt werden. Denkbar sind daneben auch Ansprüche aus § 1 Abs. 1 ProdHaftG wegen eines entsprechenden Produktfehlers gemäß § 3 Abs. 1 ProdHaftG.

3.2.1.2 Keine relevanten Produktgefahren im Feld

Umgekehrt fehlt es an einem kausalen Ursachenzusammenhang, wenn die Produktbeobachtungspflicht zwar nicht ordnungsgemäß erfüllt wird, das zu beobachtende Produkt aber gar nicht gefährlich ist. In diesem Szenario hätte also auch eine ordnungsgemäße Produktbeobachtung nicht zu einer (effektiven) Reaktion im Feld geführt. Die Kausalität des schuldhaften Verstoßes rechnet indes zu den unabdingbaren Tatbestandsvoraussetzungen eines Anspruchs aus § 823 Abs. 1 BGB gegen insbesondere den Warenhersteller. In diesem Fall kann freilich gleichwohl eine Haftung des Herstellers in Betracht kommen, wenn und soweit z. B. nur ganz wenige Produkte aufgrund eines Fehlers gefährlich sein können (jedoch nicht so gefährlich, dass mit Blick auf eine Risikobewertung von relevanten Gefahren im Feld gesprochen werden kann) und sich diese Gefahr später tatsächlich im Feld realisiert. Relevant wäre dann z. B. eine Verletzung der Konstruktionspflicht.

3.2.2 Produkthaftungsrecht

Da sich das Gesetz über die Haftung für fehlerhafte Produkte nicht für den Zeitraum interessiert, der sich an das Inverkehrbringen anschließt, gibt es folgerichtig keine Haftung für etwaige Verstöße gegen die Produktbeobachtungs- bzw. Gefahrabwendungspflicht. Mit Blick auf § 3 Abs. 1 ProdHaftG fehlt es schon am Produktbeobachtungs- bzw. Gefahrabwendungsfehler.

Wer also im Zusammenhang mit mangelhafter Produktbeobachtung bzw. Gefahrabwendung geschädigt wird, kann seine Ansprüche auf Schadensersatz bzw. Schmerzensgeld nicht auf § 1 Abs. 1 ProdHaftG stützen.

3.3 Strafrecht

Schließlich darf nicht übersehen werden, dass gerade die schuldhafte Verletzung der aus § 823 Abs. 1 BGB abgeleiteten Gefahrabwendungs- und Reaktionspflicht naturgemäß auch mit genuinen Strafbarkeitsrisiken einhergeht. Praktisch besonders wichtig ist fraglos das Unterlassen der in concreto erforderlichen Gefahrabwendungsmaßnahme. In diesem Szenario müssen sich die verantwortlichen Personen im Unternehmen, z. B. die Mitglieder der Geschäftsführung bzw. -leitung, die Mitglieder eines Produktsicherheitsausschusses oder auch sonstige Beschäftigte, die an den zugrunde liegenden Entscheidungsprozessen beteiligt waren, erfahrungsgemäß mit den folgenden Straftatbeständen befassen:

- § 212 StGB („Totschlag")
- § 222 StGB („Fahrlässige Tötung")
- § 223 StGB („Körperverletzung")
- § 229 StGB („Fahrlässige Körperverletzung")
- § 303 StGB („Sachbeschädigung")

Demgegenüber ist die fahrlässige Sachbeschädigung im geltenden Strafgesetzbuch (StGB) nicht strafbar.

Gerade vor diesem Hintergrund sollten die Produktbeobachtungs- und Gefahrabwendungspflichten gemäß § 823 Abs. 1 BGB auch bei smarten Produkten sehr ernst genommen werden. Tatsächlich ist es erfahrungsgemäß in praxi vielfach auch so, dass etwaige Gefahrabwendungsmaßnahmen zwar juristisch auf § 823 Abs. 1 BGB gestützt werden; die treibende Motivation bei den Entscheidungsträgern kommt aber nicht selten aus dem Strafrecht bzw. der Furcht vor persönlicher strafrechtlicher Produktverantwortung.

> **Praxishinweis**
> Gerade um die in Rede stehenden Strafbarkeitsrisiken zu reduzieren bzw. zu beseitigen, kann es sinnvoll sein, sich externer (spezialisierter) Berater zu bedienen. Bei den Beratern kann es sich insbesondere um Sachverständige handeln, die bei der Risikobewertung helfen bzw. diese selbst erstellen. Daneben kommen zum Produktrecht beratende Rechtsanwaltskanzleien in Betracht. Stets gilt, dass etwaige externe Berater sorgfältig auszuwählen sind. Es hilft daher wenig, wenn die ansonsten mandatierte Arbeitsrechts-Kanzlei gebeten wird, auch in einem delikaten Produktrechtsfall zu unterstützen.

Literatur

1. *Geiß/Felz*, Das neue Recht der Marktüberwachung im digitalen Marktüberwachung, NJW 2019, 2962.
2. *Geiß/Moritz/Felz*, Fulfilment-Dienstleister, Reverse Engineering und Mystery Shopping sowie die Verbotsmöglichkeit unsicherer Produkte, NVwZ 2022, 299.
3. *Schucht*, Das neue nationale Marktüberwachungsrecht auf dem Prüfstand, ZfPC 2022, 50.
4. *ders.*, Die neue EU-Marktüberwachungsverordnung. Praxisleitfaden für die Herausforderungen im europäischen Produktsicherheitsrecht, 2021.
5. *Seehafer*, Die neue EU-Marktüberwachungsverordnung – ein Überblick, ZfPC 2022, 27.
6. *Wiebe*, Neuordnung des Produktsicherheits- und Marktüberwachungsrechts, DVBl 2022, 214.

4
Reichweite der Produktbeobachtungspflicht

Zusammenfassung Um für die Praxis nachvollziehbare Maßstäbe festzulegen, welche Maßnahmen im Rahmen der Produktbeobachtung in der Digitalisierung durchzuführen sind, wird in diesem Kapitel zunächst dargestellt, welche grundsätzlichen Maßnahmen im Rahmen der Produktbeobachtung zu erwarten sind. Weiter werden die Maßstäbe erarbeitet, um den neuen Herausforderungen der Produktbeobachtungspflicht, die sich aus der Digitalisierung der Produkte ergeben, angemessen begegnen zu können. Bspw. wird der Frage nachgegangen, ob ein Hersteller tatsächlich sämtliche Daten seines smarten Produkts für die Produktbeobachtung auswerten muss oder welche Argumente möglicherweise gegen eine solch umfassende Produktbeobachtungspflicht sprechen können.

> **Was Sie aus diesem Kapitel mitnehmen**
> - Welche konkreten Maßnahmen (wie etwa die Prüfung von Stichproben oder das Einrichten eines Claim-Managements) im Rahmen der Produktbeobachtungspflicht zielführend sein können.

- Welche Umstände bei der Frage nach dem Umfang von Maßnahmen im Rahmen der Produktbeobachtungspflicht berücksichtigt werden sollten.
- Dass die Maßnahmen dem Stand von Wissenschaft und Technik entsprechen und dementsprechend innovative Technologien umfassen sollten.
- Maßstäbe zur Beantwortung der Frage, ob ein Hersteller sämtliche Daten seines smarten Produkts für die Produktbeobachtung auswerten muss.

4.1 Einführung

Angesichts der teilweise empfindlichen Rechtsfolgen bei Verstößen gegen die Produktbeobachtungspflicht (s. Kap. 3) stehen Unternehmen vor der Herausforderung, Maßnahmen zu identifizieren, zu entwickeln und sodann zu implementieren, um diese Verkehrssicherungspflicht zu erfüllen. Welche konkreten Maßnahmen das im Einzelnen sind, ist indes weder gesetzlich noch in der (obergerichtlichen) Rechtsprechung konkret definiert.

Um einen Maßstab bzw. Rahmen für die erforderlichen Maßnahmen identifizieren zu können, ist zunächst an den Sinn und Zweck der Produktbeobachtungspflicht zu erinnern: Die Produktbeobachtungspflicht ist eine Verkehrssicherungspflicht aus vorangegangenem gefahrerhöhendem Tun,[1] namentlich dem Inverkehrbringen eines potenziell gefährlichen Produkts.[2] Dahinter steht die richtige Überlegung, dass vom Hersteller beim Inverkehrbringen seines Produkts nur derjenige Sicherheitsstandard verlangt werden kann, der für ihn nach dem verfügbaren Stand von Wissenschaft und Technik überhaupt erreichbar ist. Daher haftet er auch nicht für (objektiv) unerkennbare sog. Entwicklungsfehler. Andererseits darf der Hersteller nicht die Augen verschließen und untätig bleiben, wenn sich im Laufe der Zeit doch

---

[1] Sog. Garantenpflicht aus Ingerenz.
[2] *Hager* in *Staudinger*, BGB, 2021, § 823, Rn. H 12, *Förster* in BeckOK BGB, 64. Ed. 01.11.2022, § 823 Rn. 1034.

noch Gefahren realisieren, die in seinem Produkt zwar bereits angelegt gewesen, bislang aber noch im Verborgenen geblieben sind.[3] Gleichzeitig ist der Hersteller fraglos am ehesten dazu berufen, derartigen Gefahren effektiv zu begegnen, weil sich bei ihm als „Herren des Produktionsprozesses" bereits sämtliche „historischen" Informationen über die Entstehung des jeweiligen Produkts bündeln. Darüber hinaus ist er in der Regel der erste Adressat aktueller Schadensmeldungen und vergleichbarer Informationen.[4]

4.2 Öffentlich-rechtliche Produktbeobachtungspflicht

Mit Blick auf die öffentlich-rechtliche Produktbeobachtungspflicht ist vorauszuschicken, dass es sich zwar um unabdingbare regulatorische Pflichten der Hersteller und Einführer handelt. Dessen ungeachtet führen sie neben den parallel geltenden produzentenhaftungsrechtlichen Pflichten aus § 823 Abs. 1 BGB in praxi aber nur ein Schattendasein; denn die bedeutsamen Gefahrabwendungs- bzw. Reaktionspflichten im Feld sind untrennbar mit den zivilrechtlichen Produktbeobachtungspflichten verknüpft (s. zu deren Reichweite Abschn. 4.3).

4.2.1 Harmonisierter Bereich

Was zunächst den harmonisierten Bereich anbelangt, liegt der Fokus auf den Artt. R2 Abs. 4 Unterabs. 2, R4 Abs. 6 des Anhangs I des Beschlusses Nr. 768/2008/EG. Der harmonisierte Bereich bezeichnet Produkte, deren Inverkehrbringen durch spezielle europäische Rechtsakte geregelt wird, bspw. Maschinen (Richtlinie 2006/42/EG). Im harmonisierten Bereich findet das Recht der öffentlich-rechtlichen

---

[3] BT-Drs. 11/2447, 16.
[4] MüKoBGB/*Wagner*, 8. Aufl. 2020, § 823 Rn. 989; *Piovano*, Der Hersteller im europäischen Produktsicherheitsrecht, 2020, S. 178.

Produktbeobachtung inzwischen sowohl auf Verbraucherprodukte (sog. B2C-Produkte) als auch auf Nicht-Verbraucherprodukte bzw. (technische) Arbeitsmittel (sog. B2B-Produkte) Anwendung (s. Abschn. 2.1.1).

Bezüglich der Pflichteninhalte sind grds. zunächst im Rahmen der Angemessenheit bzw. Zweckmäßigkeit Stichproben bei den in Verkehr gebrachten Produkten zu nehmen. Die gezogenen Stichproben wiederum sind anschließend zu untersuchen bzw. Gegenstände von Prüfungen. Sodann ist jeweils erforderlichenfalls ein Verzeichnis der Beschwerden, der nichtkonformen Produkte und der Rückrufe zu führen. Schließlich sind noch die Händler über die betreffende Überwachung auf dem Laufenden zu halten. Vereinzelt kommt inzwischen auch die gesonderte Prüfung von Beschwerden (Richtlinie 2014/34/EU) bzw. von Beschwerden, nichtkonformen PSA und PSA-Rückrufen (Verordnung (EU) 2016/425) dazu.

Während es über den Inhalt der Verzeichnisse kaum Streit geben dürfte (es ist letztlich klar, was Beschwerden, nichtkonforme Produkte und Rückrufe sind)[5] und bei der neuen Beschwerdeprüfung die systematische Erfassung der Beschwerden und die inhaltliche Auseinandersetzung mit diesen im Fokus steht, ist fraglich, in welcher Intensität Stichproben zu nehmen und wie die Prüfungen durchzuführen sind. Zunächst bedarf es der Stichproben und der daran gekoppelten Prüfungen nur dann, wenn sie wirklich angemessen sind. Damit wird also eine Bagatellklausel aus der Taufe gehoben, sodass im Ergebnis nicht jedes Produkt in gleicher Weise im Fokus der Hersteller und Einführer stehen muss. Bei den tatsächlich gezogenen Stichproben dürfen die Pflichten richtigerweise nicht überspannt werden, gerade weil Hersteller und Einführer schon aus produzentenhaftungsrechtlichen Gründen vielfach vor dem Inverkehrbringen intensiv prüfen (lassen). Letztlich wird gleichwohl zu verlangen sein, dass es insoweit jedes Jahr Aktivitäten geben muss, auch wenn sich diese (wie dargelegt) nicht auf jedes in Verkehr gebrachte Produkt beziehen müssen.

---

[5] Nichtkonforme Produkte sind jedenfalls auch rein formell fehlerhafte Produkte, sodass insoweit insbesondere auch etwaige Kennzeichnungsverstöße relevant sind.

> **Praxishinweis**
>
> Insoweit kann sich eine interne Risikobewertung lohnen, welche die unternehmensinternen Produkte unterschiedlichen Risikokategorien zuordnet (etwa grün, gelb und rot). In der Folge sind die Stichproben-Intervalle beim „roten" Bereich dann deutlich kürzer als beim „grünen" Bereich. Was die Prüfungen anbelangt, müssen diese naturgemäß nicht in eigener Regie durchgeführt werden, d. h. die Beauftragung externer Prüfhäuser kommt ohne Weiteres in Betracht.
> Schließlich bietet es sich an, die Händler nicht nur in regelmäßigen, mindestens jährlichen, Abständen zu informieren, sondern dies auch in schriftlicher Form zu tun, um die Erfüllung der Pflicht (insbesondere gegenüber einer zuständigen Marktüberwachungsbehörde) dokumentieren und nachweisen zu können.

4.2.2 Nicht-harmonisierter Bereich

Auch im nicht-harmonisierten Bereich, also wenn keine spezielle Gesetzgebung für das Inverkehrbringen für das betreffende Produkt existiert, ist die öffentlich-rechtliche Produktbeobachtung geregelt. In diesem Fall gilt § 6 Abs. 3 ProdSG, der jedoch ausschließlich auf Verbraucherprodukte i.S.v. § 2 Nr. 25 ProdSG anwendbar ist. Richtigerweise ist die Produktbeobachtung gemäß § 6 Abs. 3 ProdSG (schon mit Blick auf die Durchführung der Stichproben) keine rein passive. Auch das unionsrechtlich formulierte Ziel der Gefahrenerkennung ist in diesem Rahmen beachtlich.[6]

In der Literatur wird darauf hingewiesen, dass es sinnvoll sein kann, die in § 6 Abs. 3 S. 1 ProdSG genannten Formen der Produktbeobachtung um weitere Vorgehensweisen zu ergänzen. Konkret genannt werden die folgenden Maßnahmen:

- Fachlektüre
- Internetrecherchen

---

[6] Vgl. zum Ganzen *Kapoor* in *Klindt*, ProdSG, 3. Aufl. 2021, § 6 Rn. 57.

- automatisch generierte Alert-Mail
- Konkurrenzbeobachtung
- Zertifizierungs- und Auditierungsverfahren[7]

Richtig ist, dass § 6 Abs. 3 S. 1 ProdSG solche Vorgehensweisen nicht verbietet. Daher kann jeder Hersteller, Bevollmächtigte und Einführer über die öffentlich-rechtlichen Vorgaben hinausgehen, zumal strengere und parallel anwendbare Pflichten (gerade des Herstellers) ohnehin schon aus dem Produzentenhaftungsrecht folgen. Richtig ist jedoch auch, dass § 6 Abs. 3 S. 1 ProdSG eine abschließende Regelung darstellt, d. h. öffentlich-rechtlich sind die betreffenden Wirtschaftsakteure nur zur Durchführung von Stichproben, zur Prüfung von Beschwerden, erforderlichenfalls zum Führen eines Beschwerdebuchs und zur Unterrichtung der Händler über weitere das Verbraucherprodukt betreffende Maßnahmen verpflichtet. Zum Zweck der Erfüllung der Produktbeobachtungspflicht bietet es sich mit Blick auf die Gesetzessystematik an, die Kriterien aus § 3 Abs. 2 S. 2 Nrn. 1–4 ProdSG zu berücksichtigen. Danach ist also z. B. die Einwirkung des eigenen Produkts auf andere Produkte relevant, wenn etwaige Produktkombinationen zu erwarten sind (Nr. 2).

4.2.2.1 Durchführung von Stichproben

Zunächst müssen der Hersteller, sein Bevollmächtigter und der Einführer Stichproben durchführen (§ 6 Abs. 3 S. 1 Nr. 1 ProdSG). Welche Stichproben wiederum geboten sind, „hängt vom Grad des Risikos ab, das mit den Produkten verbunden ist, und von den Möglichkeiten, das Risiko zu vermeiden" (§ 6 Abs. 3 S. 2 ProdSG). Damit gibt der nationale Gesetzgeber die insoweit relevanten Kriterien eindeutig vor. Danach soll die Intensität der Stichprobenziehung insbesondere vom jeweiligen Produktrisiko abhängen. Zu diesem Zweck

---

[7] *Kapoor* in *Klindt*, ProdSG, 3. Aufl. 2021, § 6 Rn. 57.

4 Reichweite der Produktbeobachtungspflicht

sind die Ergebnisse allfälliger Risikoanalysen zu Rate zu ziehen, wenn und soweit eine solche vor dem Inverkehrbringen durchgeführt wurde. Dabei ist zu beachten, dass es im nicht-harmonisierten Bereich eine solche Pflicht zur Durchführung einer geeigneten Risikoanalyse und -bewertung (noch) nicht gibt. Das allgemeine Produktsicherheitsrecht unterscheidet sich insofern vom besonderen Produktsicherheitsrecht; dort gibt es etwa im Niederspannungsrecht die Herstellerpflicht, die technischen Unterlagen zu erstellen. Gegenstand der technischen Unterlagen sind wiederum insbesondere auch eine geeignete Risikoanalyse und -bewertung (§ 7 Abs. 2 S. 1 der 1. ProdSV i.V.m. Nr. 2 des Anhangs III der Richtlinie 2014/35/EU). Umstritten ist, ob es auch dann Stichproben bedarf, wenn von einem Produkt gar keine (relevanten) Risiken ausgehen können (sog. Trivialprodukt).[8] Tatsächlich dürfte eine solche Ausnahme juristisch schwer zu begründen sein: So muss insbesondere in Rechnung gestellt werden, dass es schon wegen des Risikos von Fertigungsmängeln absolut risikolose (Verbraucher-)Produkte schlicht nicht gibt.[9] Umgekehrt muss konstatiert werden, dass sich § 6 Abs. 3 S. 2 ProdSG auch auf das „Ob" der Probenziehung bezieht, so dass insoweit keine ausnahmslose Pflicht statuiert wird.

In zeitlicher Hinsicht sollen die Stichprobenziehungen nach dem Inverkehrbringen bzw. der Bereitstellung auf dem Markt stattfinden, sodass es vorliegend weder um eine betriebliche Qualitätssicherung noch um eine zur Warenausgangskontrolle geht. Im Gegenteil müssen sich die Produkte außerhalb der Herstellersphäre befinden, weil sich erst bei Stichproben in der Lieferkette bzw. (erst recht) im Feld zeigt, ob sich Einflussfaktoren wie z. B. Transport, Handling oder Lagerung negativ auf die Produktsicherheit auswirken.[10] Kurzum: Es geht um die Beobachtung der Bewährung eines Produkts im Feld. Eine Pflicht, die Stichproben selbst zu analysieren, gibt es nicht. Daher kann der betreffende Wirtschaftsakteur ohne Weiteres auch eine (externe) Konformitätsbewertungsstelle mit der Prüfung beauftragen.

---

[8] Dafür *Kapoor* in *Klindt*, ProdSG, 3. Aufl. 2021, § 6 Rn. 58; dagegen *Geiß/Doll*, GPSG, 2005, § 5 Rn. 41.
[9] *Kapoor* in *Klindt*, ProdSG, 3. Aufl. 2021, § 6 Rn. 58.
[10] Instruktiv *Kapoor* in *Klindt*, ProdSG, 3. Aufl. 2021, § 6 Rn. 59.

> **Praxishinweis**
> Wichtig ist schließlich die Durchführung der Stichproben zu dokumentieren, auch wenn dies öffentlich-rechtlich nicht verlangt wird.[11] Dabei sollten die folgenden Aspekte dokumentiert werden:
>
> - Ort der Stichprobenziehung
> - Ergebnis der Stichprobenziehung
> - Person/Institution, welche die Prüfung durchgeführt hat
> - Datum der Stichprobenziehung
> - Etwaige Konsequenzen aus der Stichprobenziehung

4.2.2.2 Prüfung von Beschwerden

Sodann müssen die drei Wirtschaftsakteure Beschwerden prüfen und erforderlichenfalls ein Beschwerdebuch führen (§ 6 Abs. 3 S. 1 Nr. 2 ProdSG). Damit wird öffentlich-rechtlich ein sog. Reklamations- bzw. Beschwerdemanagement (Sicherheitsmonitoring) aus der Taufe gehoben.[12] Während ein Beschwerdebuch (insoweit genügen selbstverständlich auch elektronische EDV-Lösungen) nicht zwingend geführt werden muss, gilt ausnahmslos die Pflicht zur Prüfung von Beschwerden. Daraus folgt mit Blick auf die Prüfung der Beschwerden, dass die Hersteller, Bevollmächtigten und Einführer sicherstellen müssen,

- Beschwerden entgegenzunehmen und sodann
- zu prüfen

Demgegenüber wird öffentlich-rechtlich nicht verlangt, dass

- aus der Prüfung ggf. eine Gefahrabwendungsmaßnahme wie z. B. ein Rückruf abgeleitet und durchgeführt wird und
- die Prüfung dokumentiert wird.

---

[11] So auch *Kapoor* in *Klindt*, ProdSG, 3. Aufl. 2021, § 6 Rn. 60.
[12] *Kapoor* in *Klindt*, ProdSG, 3. Aufl. 2021, § 6 Rn. 62.

Die Prüfung zu dokumentieren ist gleichwohl angezeigt, um gegenüber einer Marktüberwachungsbehörde nachweisen zu können, dass und wie die Pflicht aus § 6 Abs. 3 S. 1 Nr. 2 ProdSG erfüllt wird.

Inhaltlich geht es darum, die einlaufenden Meldungen systematisch zu erfassen. Zu diesem Zweck empfiehlt es sich, eine zentrale Eingangs-, Sammel- und Bewertungsstelle einzurichten, die jedenfalls die aus dem deutschen Markt einlaufenden Beschwerden abdeckt. Produktsicherheitsrechtlich ist im Anwendungsbereich des ProdSG jedenfalls nicht mehr zu verlangen. Im Übrigen ist es bei europaweit bzw. international agierenden Wirtschaftsakteuren gleichwohl sinnvoll, eine zentrale Stelle zu schaffen, bei der alle Meldungen einlaufen. Damit werden nicht nur weitere öffentlich-rechtliche Pflichten zum Sicherheitsmonitoring abgedeckt; zugleich kann ausschließlich dadurch die (wichtigere) produzentenhaftungsrechtliche Pflicht zur Produktbeobachtung effektiv erfüllt werden. Denn erst wenn alle relevanten Informationen zugleich an einer Stelle zusammenlaufen, können (aufgrund der größeren Erfahrungswerte und der umfangreicheren Datensätze) erfahrungsgemäß Schlüsse zur Produktsicherheit gezogen werden, die ansonsten gar nicht oder erst viel später diskutiert werden.

Die Pflicht aus § 6 Abs. 3 S. 1 Nr. 2 ProdSG geht über Beschwerden nicht hinaus. Allfällige Presseberichte, Unfallmeldungen oder Informationen über Wettbewerbsprodukte sind keine Beschwerden in diesem Sinne und müssen daher im Rahmen des ProdSG nicht näher betrachtet werden. Unberührt bleiben freilich die strengeren zivilrechtlichen Pflichten gemäß § 823 Abs. 1 BGB.

4.2.2.3 Unterrichtung des Händlers

Schließlich müssen die drei Wirtschaftsakteure „die Händler über weitere das Verbraucherprodukt betreffende Maßnahmen" unterrichten (§ 6 Abs. 3 S. 1 Nr. 3 ProdSG). Adressaten der Informationspflicht sind also allein die Händler. Dies ist schon deshalb wenig überraschend, weil erst seit dem 16.07.2021 auch die Fulfilment-Dienstleister in § 3 Nr. 11 ProdSG anerkannt und zugleich als Wirtschaftsakteure gemäß

§ 3 Nr. 28 ProdSG qualifiziert werden. Die betreffende Informationspflicht existiert indes schon seit dem 01.05.2004, und zwar damals in § 5 Abs. 1 Nr. 2 GPSG. Auch wenn der nationale Gesetzgeber also bei der ProdSG-Reform in 2021 eine Anpassung insbesondere der Adressaten hätte vornehmen können, stand dies ersichtlich nie zur Debatte. Tatsächlich ist eine Beschränkung des Informationsflusses in Richtung der Händler auch sachgerecht; denn nur diese stellen die Produkte auf dem Markt bereit, während die Fulfilment-Dienstleister Produkte nur weitergeben (§ 6 Abs. 5 S. 1, 2, Abs. 6 S. 2 ProdSG).[13] Bei den Maßnahmen kann es sich z. B. um einen Auslieferungsstopp durch die Sperrung von Lagerbeständen, Warnung oder Rückruf handeln. Dabei spielt es keine Rolle, ob die Maßnahme insbesondere freiwillig oder auf der Grundlage des § 823 Abs. 1 BGB und damit in Erfüllung einer Verkehrssicherungspflicht ergriffen wurde. Auch wenn die Regelung in Nr. 3 gesetzessystematisch in engem Zusammenhang mit den vorangehenden Nrn. 1, 2 steht, ist die betreffende Pflicht vor dem Hintergrund des Verbraucherschutzzwecks des ProdSG richtigerweise nicht auf diese Quellen beschränkt. M.a.W. muss die Information über etwaige Maßnahmen in Bezug auf ein Verbraucherprodukt nicht notwendigerweise auf die Ergebnisse der Stichproben (Nr. 1) oder die Prüfung von Beschwerden bzw. das Führen eines Beschwerdebuchs (Nr. 2) zurückzuführen sein.[14] Wenn und soweit also z. B. eine Gefahrabwendungsmaßnahme im Feld durchgeführt wird, weil das relevante Produktrisiko auf andere Art und Weise identifiziert und ermittelt wurde, sind die Händler ebenfalls auch auf der Grundlage des Produktsicherheitsrechts zu informieren. Anders als im harmonisierten Bereich muss die Unterrichtung insoweit nicht mindestens jährlich sowie schriftlich erfolgen.

---

[13] Näher *Schucht*, StoffR 2022, 150 (157 f.).
[14] A.A. wohl *Kapoor* in *Klindt*, ProdSG, 3. Aufl. 2021, § 6 Rn. 66.

4.2.3 Abgrenzung

Kein Bestandteil der Produktbeobachtungspflicht ist die behördliche Melde- bzw. Notifikationspflicht. Vielmehr handelt es sich dabei um eine eigenständige Pflicht für Hersteller, Bevollmächtigte, Einführer, Händler und Fulfilment-Dienstleister. Eine Gemeinsamkeit mit der Produktbeobachtungspflicht besteht insofern, als auch die Notifikationspflicht eine Nachmarktpflicht ist, die ausnahmslos nach dem Inverkehrbringen bzw. der Bereitstellung von Produkten auf dem Markt aktiviert wird. Darüber hinaus ist sie naturgemäß oftmals mit der Produktbeobachtungspflicht verwoben. Dies ist insbesondere dann der Fall, wenn der Hersteller erst durch Beschwerden von relevanten Produktrisiken erfährt. Vor einer Notifikation müssen diese freilich nicht nur erst geprüft werden. Sie sollten vielmehr Eingang in eine (RAPEX-)Risikobewertung finden. Mit Blick auf den Händler zeigt sich freilich auch, dass dieser Zusammenhang gerade nicht durchgehend bestehen muss; denn der Händler ist de lege lata weder im europäisch-harmonisierten noch im nicht-harmonisierten Bercich zur Produktbeobachtung verpflichtet. Dessen ungeachtet ist er jeweils zur Notifikation verpflichtet, wenn die entsprechende Meldeschwelle überschritten ist. Im harmonisierten Bereich folgt dies aus Art. R5 Abs. 4 S. 2 des Anhangs I des Beschlusses Nr. 768/2008/EG. Im nichtharmonisierten Bereich wiederum aus § 6 Abs. 5 S. 3 ProdSG i.V.m. § 6 Abs. 4 ProdSG.

4.3 Zivilrechtliche Produktbeobachtungspflicht

4.3.1 Aktive und passive Dimension

Im Rahmen der zivilrechtlichen Produktbeobachtungspflicht nach § 823 Abs. 1 BGB wird seit Langem zwischen der aktiven und passiven Seite unterschieden (s. Abschn. 2.2.1.2). Dem Bundesgerichtshof (BGH) zufolge darf sich der Hersteller nicht darauf verlassen, „mehr oder weniger zufällig" von etwaigen Gefahren seines Produkts zu erfahren.[15] Er muss vielmehr die notwendigen organisatorischen Voraussetzungen schaffen, dass neue technische Erkenntnisse, praktische Verwendungsfolgen sowie Schadensmeldungen nicht spurlos an ihm vorbeigehen.[16]

Zunächst muss sich insbesondere der Hersteller im Rahmen der aktiven Produktbeobachtung selbst über die Erfahrungen der Verwender seines Produkts proaktiv informieren. Hierbei sind sämtliche zugängliche Quellen auszuwerten, die sicherheitsrelevante Informationen erwarten lassen.[17] Dazu gehören anerkanntermaßen die aktive Sammlung von Informationen über mögliche Sicherheitsrisiken des Produkts und Recherchen über relevante Entwicklungen des Stands von Wissenschaft und Technik. Zudem ist der Hersteller verpflichtet, selbstständig nach etwaigen Fehlerquellen zu forschen. In der juristischen Literatur wird bspw. die Ansicht vertreten, dass insoweit aktiv Informationen aus Fachzeitschriften, Foren, Testberichten, Erkenntnissen aus der Unfallforschung, Fachveranstaltungen und sozialen Netzwerken zu erheben und zu nutzen sind.[18] Erforderlich kann es auch sein, verfügbare Informationen zu Konkurrenzprodukten zu sichten und auf ihre Übertragbarkeit auf das eigene Produkt zu prüfen. Mit Blick auf die stets sinkenden technischen Grenzen zur Produktbeobachtung – so können smarte Produkte dem Hersteller fortlaufend „over the air" Daten zur Produktsicherheit liefern – ist es denkbar, dass bei smarten Produkten perspektivisch noch weitergehende Maßnahmen verlangt werden als dies bisher in der Literatur vertreten wird. Welche das konkret sein können, bemisst sich am Maßstab der Produktbeobachtungspflicht (s. Abschn. 4.3.2), und zwar auch schon dann, wenn (wie hier) die Zivilgerichte im Allgemeinen und der BGH

---

[15] BGHZ, NJW 1981, 1606.
[16] BGH NJW 1990, 906 (907 f.); *Schucht*, NJW 2020, 1551 (1554).
[17] *Klindt/Wende*, BB 2016, 1419 (1420); *Foerste* in *ders./Graf von Westphalen*, Produkthaftungshandbuch, 3. Aufl. 2012, § 24 Rn. 378.
[18] BGH, NJW 1994, 517 (519); *Förster* in BeckOK BGB, 64. Ed. 01.11.2022, § 823 Rn. 733; *Ackermann* in *Ehring/Taeger*, NK-ProdR, 2022, § 823 BGB Rn. 124.

im Besonderen noch keine Aussagen zum Inhalt bzw. zur Reichweite der betreffenden Verkehrssicherungspflicht getroffen haben.

Im Unterschied dazu müssen der Hersteller, Importeur und auch Händler im Rahmen der passiven Produktbeobachtungspflicht lediglich systematisch Beanstandungen von Kunden oder Dritten entgegennehmen und diese sodann auswerten, d. h. ein Beschwerde- oder Claim-Management einrichten. Berücksichtigung finden müssen fraglos direkte Beschwerden und Reklamationen von Nutzern; daneben können sich jedoch auch aus Garantiefällen, der Geltendmachung von Gewährleistungsrechten oder Schadensersatzprozessen wichtige Erkenntnisse ergeben. Im Übrigen können nicht nur beim Hersteller selbst, sondern auch bei anderen Akteuren in der Vertriebskette (insbesondere den Einzelhändlern) relevante Informationen eingehen, deren Weiterleitung der Hersteller in jedem Fall (vertraglich) sicherstellen sollte. Die betreffenden Informationen sollten ferner intern von entsprechend geschulten und sachkundigen Beschäftigten oder einem festen Arbeitskreis (z. B. einem Produktsicherheitsausschuss) bewertet werden. Letztlich sollten diese Strukturen und Prozesse Teil eines übergeordneten Krisen- bzw. Rückrufmanagements sein.[19] Erkenntnisse über mögliche Gefahren bei der Verwendung des Produkts ergeben sich nicht selten erst aus der Häufung von Meldungen oder aus der Zusammenschau von einer Vielzahl ähnlich gelagerter Fälle.[20]

4.3.2 Maßstab

Im Rahmen der Maßnahmen zur Erfüllung der aktiven und passiven Produktbeobachtungspflicht muss schließlich der Maßstab bzw. die Intensität bestimmt werden. M.a.W. stellt sich die Frage, welche Maßnahmen konkret umgesetzt werden müssen. Genügt etwa die Einrichtung eines betriebsinternen Beschwerde- bzw. Claim-Managements

---

[19] Näher *Klindt/Wende*, Rückrufmanagement. Ein Leitfaden für die professionelle Abwicklung von Krisenfällen, 4. Aufl. 2021, Kap. 1, S. 5 ff., Abschn. 2.1.4, S. 60 ff.
[20] *Ackermann* in *Ehring/Taeger*, NK-ProdR, 2022, § 823 BGB Rn. 123.

i.V.m. mit der gelegentlichen Lektüre der lokalen Tageszeitung über potenzielle Produktprobleme, und zwar vor dem Hintergrund, dass smarte Produkte ohne hohe technische und finanzielle Hürden dauerhaft Daten über potenzielle Produktrisiken senden können? Oder ist vielmehr die Einrichtung einer Analysesoftware zur Auswertung von sog. Big Data erforderlich?

4.3.2.1 Stand von Wissenschaft und Technik

Inzwischen dürfte hinlänglich bekannt sein, dass im Rahmen der Konstruktionspflicht, also der Pflicht zur Entwicklung und Herstellung eines sicheren Produkts, der sog. (neueste) Stand der Wissenschaft und Technik einzuhalten ist. Diese Erkenntnis ist dem BGH zu verdanken, der sie in der sog. Airbag-Entscheidung aus dem Jahr 2009 postuliert hat.[21] Der Stand von Wissenschaft und Technik ist der Entwicklungsstand fortschrittlichster Verfahren, Einrichtungen und Betriebsweisen, die nach Auffassung führender Fachleute aus Wissenschaft und Technik auf der Grundlage neuester wissenschaftlich vertretbarer Erkenntnisse im Hinblick auf das (gesetzlich) vorgegebene Ziel für erforderlich gehalten werden und das Erreichen dieses Ziels gesichert erscheinen lassen.[22] Damit ist diese sog. Technikklausel strenger als der Stand der Technik und erst recht als die allgemein anerkannten Regeln der Technik.[23]

Da die Beachtung des Stands von Wissenschaft und Technik (zum Zwecke der Vermeidung von Personen- und Sachschäden) zu einem möglichst hohen Sicherheitsniveau führen soll, ist es nur nachvollziehbar und sachgerecht, dass dieser auch im Rahmen der Produktbeobachtungspflicht zu berücksichtigen ist.[24] Da die Art der insoweit zu ergreifenden Maßnahmen u. a. von technischen Weiterentwicklungen geprägt

---

[21] BGH, NJW 2009, 2952 (2953).
[22] *Ehring* in *Ehring/Taeger*, NK-ProdR, 2022, § 1 ProdHaftG Rn. 108.
[23] Näher *Seibel*, NJW 2013, 3000.
[24] *Sassenberg/Faber*, Rechtshandbuch Industrie 4.0 und Internet of Things, 2. Aufl. 2020, § 4 Rn. 22.

wird, kann grds. jede Maßnahme der Produktbeobachtung dienen, die technisch möglich ist. Daher wird bspw. im Zusammenhang mit einer produktsicherheitsrechtlichen Update-Pflicht von Software vertreten, dass Software im Rahmen eines sog. Bugtrackings automatisiert regelmäßig auf Fehler überprüft werden sollte.[25] Jeder Warenhersteller sollte daher ebenso regelmäßig wie sorgfältig den Fortgang der Entwicklung von Wissenschaft und Technik verfolgen und prüfen, ob neue technische Möglichkeiten für eine effektivere Produktbeobachtung auf dem Markt verfügbar sind. Die Rechtsprechung betont in diesem Zusammenhang, dass eine (wie auch immer geartete) Branchenüblichkeit dabei keine Rolle spielt, da der in der Branche praktizierte Stand der Sicherheit hinter dem technisch Möglichen und damit hinter dem rechtlich Gebotenen zurückbleiben kann.[26] Die Rechtsprechung verlangt hingegen nicht, dass Maßnahmen umzusetzen sind, die nur „auf dem Reißbrett existieren" oder noch in der Erprobung befindlich sind. Anerkannt ist, dass öffentlich-rechtliche Sicherheitsanforderungen für das Inverkehrbringen von Produkten einen Mindeststandard im Rahmen des Stands der Wissenschaft und Technik bilden. In deutlich abgeschwächter Form gilt dies auch für (produktsicherheitsrechtlich) stets nur freiwillig anzuwendende technische Normen und Standardisierungen.[27]

> **Praxishinweis**
>
> Beispielhafte Maßnahmen bei IoT-Produkten, die dem Stand der Technik entsprechen können:
>
> - sicherheitsrelevante Daten der Produkte „over the air" beziehen
> - automatisierte Durchsuchungsalgorithmen nutzen, z. B. sog. Webcrawler bei Google und einschlägigen Foren
> - Verbau von smarter Sensorik bei sicherheitsrelevanten Bauteilen, z. B. in Brückenbolzen
> - Analysetools für Big Data-Auswertungen

---

[25] *Wiebe*, NJW 2019, 625 (627).
[26] Pointiert BGH, NJW 2009, 2952 (2953).
[27] Vgl. zum Ganzen *Bräutigam/Klindt*, NJW 2015, 1137 (1141).

4.3.2.2 Kosten-Nutzen-Ratio

Aus den neuen technischen Möglichkeiten der Produktbeobachtung ergibt sich jedoch keine uferlose Pflicht zur Erhebung und Verwertung sämtlicher Daten bzw. zur Anwendung von jeder bloß technisch möglichen Maßnahme. So variiert je nach Größe des Herstellerunternehmens der Umfang der aktiven Produktbeobachtungspflicht. Dementsprechend ist bei weltweit agierenden Großunternehmen zu verlangen, dass sie einen höheren Ressourceneinsatz für die Produktbeobachtung einsetzen und daher auch mehr Maßnahmen durchführen als kleinere und mittlere Unternehmen (KMU). Gerade bei kleineren Unternehmen kann in der Regel das ständige Monitoring aller verfügbaren Informationen nicht verlangt werden, wenn der Aufwand in keinem Verhältnis mehr zur Produktion und zum Vertrieb der betroffenen Produkte steht.[28] Die mittleren Unternehmen wiederum sollten darauf achten, dass sie sich insbesondere von den kleinen Unternehmen absetzen, indem sie mehr Aktivitäten entfalten als es diese üblicherweise tun. Die Grenzziehung zwischen großen, mittleren und kleinen Unternehmen ist freilich fließend und kann kaum exakt definiert werden. Vielmehr ist die Ressourcenausstattung des jeweiligen Unternehmens zu berücksichtigen. Hierbei ist insbesondere zu beachten, dass automatisierte Prozesse zur Produktbeobachtung wie sog. Crawler und KI-gestützte Big Data-Auswertungen, die ggf. an dritte Dienstleister ausgelagert werden können, den Ressourceneinsatz für die Produktbeobachtung überschaubar machen und somit auch von kostensensitive(re)n KMU durchgeführt werden könnten, ohne diese über Gebühr zu belasten.

Allerdings bestehen unabhängig von der Größe des jeweiligen Unternehmens Zumutbarkeitsgrenzen. Danach muss zum einen nicht jede technisch mögliche Maßnahme für die Produktbeobachtung eingesetzt werden. So ist etwa nicht zu fordern, dass zusätzliche Sensorik ausschließlich für die Produktbeobachtung verbaut wird oder dass

---

[28] *Haberland*, Die Produkthaftung im deutschen und US-amerikanischen Recht, 2015, S. 32.

4 Reichweite der Produktbeobachtungspflicht

Daten von bereits verbauter Sensorik ausschließlich zu Produktbeobachtungszwecken erstmalig erhoben und ausgewertet werden müssen. Diese Forderungen würden richtigerweise die unternehmerische Freiheit der Hersteller zu sehr einengen; denn diese müssten in diesem Fall in kostenaufwendige Technik zur Erhebung und Auswertung der Daten investieren. Ferner werteten diese Maßnahmen die Produktbeobachtungspflicht über Gebühr auf. Diese Pflicht dient in erster Linie dazu, nachrangig Fehler aufzudecken, die im Zeitpunkt der Inverkehrgabe nicht bereits durch die Konstruktion und Instruktion eines Produkts beseitigt wurden bzw. werden konnten (sog. Entwicklungsfehler).

Zum anderen muss ein konkreter Anlass für die jeweilige Produktbeobachtungsmaßnahme wie z. B. für eine Datenerhebung vorliegen. So müssen etwa die zu erhebenden Daten im Zusammenhang mit einer möglichen Beeinträchtigung der produktimmanenten Sicherheitseigenschaften stehen und dürfen nicht lediglich Marketing- oder Qualitätszwecken dienen. Exemplarisch ist davon auszugehen, dass Daten über die Batteriegesundheit eines Elektrofahrzeugs als sicherheitsrelevant einzustufen sind, wenn sich durch die Daten erkennen lässt, ob ein Batteriebrand kurz bevorsteht und dadurch die Gesundheit von Insassen und/oder unbeteiligten Dritten (sog. innocent bystander) in Gefahr ist.

Des Weiteren hängt der Einsatz der konkreten Produktbeobachtungsmaßnahmen davon ab, um welches konkrete Produkt es sich handelt, welche Gefahren von diesem ausgehen können und welche (technischen) Risikominimierungsmaßnahmen eingesetzt werden können.[29] Produkte, die von vornherein überhaupt nur geringe Sachschäden verursachen können, unterliegen einer geringeren Produktbeobachtungspflicht als solche, die ohne Weiteres auch Schäden an Leben, Körper oder Gesundheit verursachen können. Das bedeutet: Je gefährlicher ein Produkt, desto höher die Häufigkeit und Prüfdichte.[30] So sind die Anforderungen an die Produktbeobachtung bei einem auto-

---

[29] *Klindt/Wende*, BB 2016, 1419 (1420).
[30] *Gauger/Hartmannsberger*, NJW 2014, 1137 (1140); *Schucht*, CCZ 2016, 126 (128); *Kapoor* in *Klindt*, ProdSG, 3. Aufl. 2021, ProdSG, § 6 Rn. 58.

nom fahrenden Elektro-Lkw weitaus höher als bei einem mit Niedrigspannung betriebenen sog. weareable wie z. B. einer sog. Smartwatch.

4.3.3 Zeitlicher Rahmen

Schließlich stellt sich die Frage nach dem zeitlichen Rahmen der Produktbeobachtung. Dabei ist der Beginn der Produktbeobachtungspflicht noch vergleichsweise einfach festzulegen: Sie beginnt ab dem Zeitpunkt des Inverkehrbringens des Produkts. Schwieriger hingegen ist die Antwort auf die Frage, wann genau die Produktbeobachtungpflicht endet.

In Ermangelung einer gesetzlichen Befristung ist richtigerweise die Produktbeobachtungspflicht jedenfalls so lange zumutbar, wie das Produkt noch vertrieben wird. Der Zeitpunkt des letztmaligen Inverkehrbringens eines Produkts bildet einen wichtigen Prüfstein bei der Bemessung der zeitlichen Dimension; doch endet damit noch nicht die Produktbeobachtungspflicht. Maßgeblich kommt es auf den Lebenszyklus bzw. die übliche Lebensdauer des Produkts an.[31] Die Produktbeobachtungspflicht dauert folglich so lange an, wie das Produkt tatsächlich noch genutzt wird. Je länger etwa ein Softwarehersteller den Vertrieb der Software eingestellt hat, desto weniger ist ihm weiterer Produktsupport zuzumuten. Bei erheblichen Sicherheitsrisiken und einer weiterhin weit verbreiteten Nutzung kann jedoch anderes gelten.[32] Zu beachten ist hierbei auch, dass gegen Ende der Produktlebenszeit bekanntlich sicherheitsrelevante Produktgefahren wieder zunehmen können: Während bei Hardware-Produkten Alterungs-/Abnutzungsrisiken entstehen können, kann bei Software die Anfälligkeit für Viren und Sicherheitslücken mit der Zeit zunehmen.

---

[31] *Ackermann* in *Ehring/Taeger*, NK-ProdR, 2022, § 823 BGB Rn. 120.
[32] *Raue*, NJW 2017, 1841 (1844).

> **Praxishinweis**
>
> Es sollte frühzeitig im Produktentstehungsprozess mittels Vergleichsstatistiken (ggf. anhand anderer Produkte) die Lebenszeit des jeweiligen Produkts erhoben bzw. antizipiert werden.

Literatur

1. *Bräutigam/Klindt*, Industrie 4.0, das Internet der Dinge und das Recht, NJW 2015, 1137.
2. *Ehring/Taeger*, Produkthaftungs- und Produktsicherheitsrecht, 2022.
3. *Foerste/Graf von Westphalen*, Produkthaftungshandbuch, 3. Aufl., 2012.
4. *Haberland*, Die Produkthaftung im deutschen und US-amerikanischen Recht, 2015.
5. *Gauger/Hartmannsberger*, Rechtliche Anforderungen an Verbraucherprodukte – Pflichten, Risiken, Praxisprobleme, NJW 2014, 1137.
6. *Geiß/Doll*, GPSG, 2005.
7. *Klindt*, ProdSG, 3. Aufl. 2021.
8. *ders./Wende*, Rückrufmanagement. Leitfaden für die professionelle Abwicklung von Krisenfällen, 4. Aufl. 2021.
9. *dies.*, Produktbeobachtungspflichten 2.0 – Social-Media-Monitoring und Web-Screening, BB 2016, 1419.
10. *Piovano*, Der Hersteller im europäischen Produktsicherheitsrecht, 2020.
11. *Raue*, Haftung für unsichere Software, NJW 2017, 1841.
12. *Sassenberg/Faber*, Rechtshandbuch Industrie 4.0 und Internet of Things, 2. Aufl. 2020.
13. *Schucht*, Produktrecht im Pandemiemodus – Schutzmasken als Compliance- und Haftungsrisiko?, NJW 2020, 1551.
14. *ders.*, Produktsicherheitsrecht 2016 – Neue Anforderungen an den Warenvertrieb als Compliance-Herausforderung, CCZ 2016, 126.
15. *Wiebe*, Produktsicherheitsrechtliche Pflicht zur Bereitstellung sicherheitsrelevanter Software-Updates, NJW 2019, 625.

5
Smarte Produkte als Gegenstand der Produktbeobachtungspflicht

Zusammenfassung Das charakteristische Wesenselement von smarten Produkten ist die darin verbaute Software (sog. embedded Software). Als „Gehirn" eines Produkts kann die Software sicherheitskritische Steuerungs-, Kontroll- und Kommunikationsaufgaben übernehmen und damit die Produktsicherheit beeinflussen. Auch Stand alone-Software kann Auswirkungen auf ein vernetztes Produkt und dessen Sicherheitseigenschaften haben. Mit zunehmendem Komplexitätsgrad ist das Design einer fehlerfreien Software schlichtweg kaum möglich (*Servias*, Der Softwarepflegevertrag, 2014, S. 28 ff.; *Hartmann*, PHi 2017, 42 (43); *Grünvogel/Dörrenbächer*, ZVertriebsR 2019, 87 (88)). Dabei lassen sich zwei Fehlerkategorien unterscheiden: Zum einen leidet die Software unter einem Programmierfehler, der unmittelbar die Produktsicherheit beeinträchtigt. Zum anderen besteht der Softwarefehler in Form einer IT-Sicherheitslücke, die von einem Dritten im Zuge einer Cyberattacke missbraucht werden kann, um das Produkt zu kompromitieren (*Raue*, NJW 2017, 1841). Angesichts dieser Anfälligkeit für Fehler, die erst nach dem Inverkehrbringen des Produkts detektiert werden, entstehen unweigerlich spezielle Sorgfaltspflichten bei der Produktbeobachtung (*Hartmann*, PHi 2017, 42 (43); *Grünvogel/Dörrenbächer*,

ZVertriebsR 2019, 87 (88)). Das folgende Kapitel geht den Fragen nach, wie sich diese besondere Produktbeobachtungs- und Gefahrenabwendungspflicht in Bezug auf smarte Produkte darstellen. Vorwegzunehmen ist, dass die Modifikationen der kasuistisch geprägten Produktbeobachtungs- und Gefahrenabwendungspflicht gemäß § 823 Abs. 1 BGB mit Blick auf die Produktdigitalisierung bislang nur in der juristischen Literatur diskutiert werden und es bislang – soweit ersichtlich – keine entsprechende Rechtsprechung gibt.

> **Was Sie aus diesem Kapitel mitnehmen**
> - Besonderheiten in rechtlicher und tatsächlicher Hinsicht bei der Beobachtung smarter Produkte.
> - Dass es einen Unterschied zwischen „Product Safety" und „Product Security" gibt.
> - Welche Sorgfaltspflichten bei der Produktbeobachtung von digitalen Zubehörprodukten und smarten Kombinationsprodukten erfüllt werden müssen.
> - Welche Maßnahmen im Rahmen der Produktbeobachtung bei sog. embedded Software und Stand alone-Software im Zusammenhang mit Programmierfehlern und IT-Sicherheitslücken bei eigener und bei Drittsoftware getroffen werden sollten.
> - Mögliche Maßnahmen zur Abwehr von Gefahren wie etwa Sicherheitswarnungen, Remote-Sperrungen und Software-Updates (sog. Sicherheitspatches).

5.1 Konturen einer softwarebezogenen Produktbeobachtungspflicht

5.1.1 Software als integraler Bestandteil des eigenen Produkts

Das allgemeine Produktsicherheitsrecht erkennt Software als solche bzw. Stand alone-Software – nicht ganz widerspruchsfrei –[1] (noch)

---

[1] Siehe *Piovano*, PHi 2019, 80.

nicht als Produkt an, weil es ihr insoweit an Körperlichkeit fehle.[2] Im Gegensatz dazu hat der Produktbegriff für die Anwendbarkeit des Produzentenhaftungsrechts keine Relevanz. Mit anderen Worten: Die Produktbeobachtungspflicht gemäß § 823 Abs. 1 BGB setzt nicht das Vorliegen eines körperlichen Produkts voraus, sondern stellt die Verhaltenspflichten des Herstellers in den Fokus.[3] Ungeachtet der produktsicherheitsrechtlichen Frage nach der Produktqualität von Software ist jedenfalls in einem Produkt integrierte Software integraler Bestandteil des Geräts. Dementsprechend beziehen sich die aus § 6 Abs. 3 ProdSG, den Artt. R2 Abs. 4 Unterabs., R4 Abs. 6 des Anhangs I des Beschlusses Nr. 768/2008/EG und § 823 Abs. 1 BGB folgenden Produktbeobachtungspflichten auch auf sog. embedded Software. Dabei ist irrelevant, ob die Software von dem Produkthersteller selbst programmiert oder von einem Dritten als Zulieferteil zugekauft wurde. Schließlich kann nur der Hersteller das sicherheitstechnische Zusammenwirken von Hard- und Software beurteilen. Im letzteren Fall lässt sich der Dritte in die Produktbeobachtung zumindest einbeziehen.

5.1.2 Erstreckung der Produktbeobachtungspflicht auf digitale Zubehör- und smarte Kombinationsprodukte

Produkte stehen häufig in einer Wechselwirkung mit anderen Produkten, indem sie miteinander kombiniert und/oder zusammen verwendet werden. Die Kombination und das Zusammenwirken mehrerer Produkte, die ggf. sogar von verschiedenen Herstellern stammen, können ohne Weiteres besondere Gefahrenlagen hervorrufen und ziehen juristisch nicht triviale Fragen zur Abgrenzung der Herstellerverantwortung nach sich.[4]

---

[2] *Klindt/Schucht* in *Klindt*, ProdSG, 3. Aufl. 2021, § 2 Rn. 150 f.; *Wiebe*, NJW 2019, 625 (626).
[3] MüKoBGB/*Wagner*, 8. Aufl. 2020, § 823 Rn. 923; *Schmid*, IT- und Rechtssicherheit automatisierter und vernetzter cyber-physischer Systeme, 2019, S. 193; *Droste*, CCZ 2015, 105 (107).
[4] Foerste in *ders./Graf von Westphalen*, Produkthaftungshandbuch, 3. Aufl. 2012, § 25 Rn. 168 f.

Mit der Frage der Produktbeobachtungspflicht hinsichtlich fremdhergestellter Kombinations- bzw. Zubehörprodukte hat sich der BGH in dem bekannten Honda-Urteil[5] auseinandergesetzt. Zur Zubehörhaftung führt der BGH aus, dass eine Sicherungspflicht eines Motorradherstellers „bezüglich allen notwendigen Zubehörs besteht, das erforderlich ist, um das Fahrzeug erst funktionstüchtig zu machen. Dasselbe gilt für solches Zubehör, dessen Verwendung er durch Anbringung von Bohrlöchern, Ösen, Halterungen, Aufhängevorrichtungen usw. ermöglicht hat. In diesen Fällen ist der Motorradhersteller auch ohne konkreten Anlaß verpflichtet, den Zubehörmarkt zu überprüfen und gegebenenfalls nur bestimmte, von ihm getestete und für sicher beurteilte Zubehörteile den Benutzern seiner Motorräder zu empfehlen oder in der Gebrauchsanleitung bzw. durch Aufkleber auf dem Motorrad die Verwendung derartiger Vorrichtungen einzuschränken oder vor einer mißbräuchlichen Verwendung dieser Vorrichtungen zu warnen."[6]

Nach der BGH-Rechtsprechung erstreckt sich die herstellerseitige Produktbeobachtungspflicht folglich auf fremdhergestellte Kombinations- und Zubehörprodukte, die der Nutzung des Hauptprodukts dienen und diesem weder zugehörten noch beigefügt waren,[7] in den vier folgenden Konstellationen:

- das Kombinations- bzw. Zubehörprodukt ist für die Gebrauchstauglichkeit des eigenen Hauptprodukts erforderlich
- der Hauptprodukt-Hersteller hat das für die Gebrauchstauglichkeit nicht erforderliche Kombinations- bzw. Zubehörprodukt empfohlen
- die Konstruktion des Produkts ermöglicht die Verwendung des Kombinations- bzw. Zubehörprodukts
- die Verwendung des Kombinations- bzw. Zubehörprodukts ist aufgrund genereller Verbrauchergewohnheiten vorhersehbar

---

[5] *BGH*, NJW 1987, 1009 – Lenkerverkleidung.
[6] *BGH*, NJW 1987, 1009 (1011) – Lenkerverkleidung.
[7] *Foerste* in ders. Foerste/Graf von Westphalen, Produkthaftungshandbuch, 3. Aufl. 2012, § 25 Rn. 169 f.

Die Pflicht zur Produktbeobachtung ist jedoch auf sog. Kombinationsgefahren beschränkt. Damit sind Gefahren gemeint, die – wie im Honda-Urteil zugrunde liegenden Sachverhalt, bei der erst die Kombination von Motorrad mit Lenkerverkleidung zur Instabilität des Motorrads bei hohen Geschwindigkeiten führte – gerade aufgrund des spezifischen Zusammenwirkens des Hauptprodukts und des Kombinations- bzw. Zubehörprodukts entstehen.[8] Folglich muss der Hersteller das Kombinations- und Zubehörprodukt als solches nicht beobachten und prüfen.

Smarte Produkte, wie etwa IoT-Verbraucherprodukte, zeichnen sich durch ihre Konnektivität und Interoperabilität aus. § 327e Abs. 2 S. 4 BGB definiert den Begriff „Interoperabilität" als „die Fähigkeit eines smarten Produkts, mit anderer Hardware oder Software als derjenigen, mit der smarte Produkte derselben Art in der Regel genutzt werden, zu funktionieren". Vor diesem Hintergrund stellen sich bei smarten Produkten die Fragen nach der Übertragbarkeit der BGH-Rechtsprechung und der Einstufung von Software sowie vernetzen Produkten als Zubehör in besonderem Maße, zumal fehlende Interoperabilität ein Produktmangel sein kann (§§ 327e, 434 Abs. 2 S. 2 BGB).

5.1.2.1 Zu integrierende Eigen- und Fremdsoftware als digitales Zubehör

Wie bereits in Abschn. 5.1.1 erwähnt, stellt die Produktbeobachtungspflicht nicht auf einen Produktbegriff ab, der eine gewisse Körperlichkeit verlangt. Gleiches gilt für das Verständnis von Zubehör. Der Zubehörbegriff gemäß § 97 Abs. 1 BGB, der eine bewegliche Sache fordert, erweist sich aufgrund seiner sachenrechtlichen Herkunft insoweit nicht als maßgeblich.[9] Software, die nicht bereits mit dem Produkt in Verkehr gebracht wird, sondern erst im Nachgang zur Verfügung gestellt wird und vom Nutzer aufgespielt und installiert werden muss,

---

[8] *MüKoBGB/Wagner*, 8. Aufl. 2020, § 823 Rn. 979.
[9] *Foerste* in *ders./Graf von Westphalen*, Produkthaftungshandbuch, 3. Aufl. 2012, § 25 Rn. 179.

wie etwa Apps oder andere Softwareergänzungen, lassen sich fraglos als Zubehör im produzentenhaftungsrechtlichen Sinne qualifizieren – man kann von digitalem Zubehör sprechen. Auch nachträglich zur Verfügung gestellte Software-Updates lassen sich ohne Weiteres als digitales Zubehör bezeichnen (unabhängig davon, ob sie der Behebung von IT-Sicherheitslücken, der Leistungsverbesserung oder der Funktionsmodifikation dienen).

Wird das digitale Zubehör vom Hersteller des Hauptprodukts bereitgestellt, schließt dessen ohnehin bestehende Produktbeobachtungspflicht selbstredend auch das digitale Zubehör ein. In Bezug auf fremdhergestellte digitale Zubehörprodukte ist die Ausdehnung der Produktbeobachtungspflicht indes keinesfalls selbstverständlich. Externes digitales Zubehör kann zwar aufgrund von Programmierfehlern oder fehlender Kompatibilität beim Zusammenwirken mit dem Hauptprodukt Risiken mit sich bringen oder das Hauptprodukt mit sicherheitsrelevanten Fehlern infizieren. Allerdings existiert – je nach Hauptprodukt – eine unüberschaubare Anzahl von digitalem Zubehör, das sich aufgrund der Schnelllebigkeit und des technischen Fortschritts zudem rasch verändert und wächst. Bei der Beobachtung sämtlicher digitaler Zubehörprodukte, die mit dem Hauptprodukt prinzipiell kompatibel sind und daher als Objekt der Beobachtung infrage kommen, käme der Hersteller an die Grenze des Zumutbaren (s. Abschn. 4.3.2.2).[10] Es liegt jedoch in der Hand des Herstellers, zu bestimmen, ob und in welchem Ausmaß er sein Produkt interoperabel gestaltet und ein Einfallstor für fremde digitale Zubehörprodukte eröffnet.[11] In der Regel beruht die Zugangsermöglichung auf technisch-wirtschaftlichen Erwägungen, weil mit dieser Funktionalität die Einsatz- und Nutzungsvielfalt und damit der Produktwert steigen können. Die Produktbeobachtung ist die Kehrseite dieses ökonomischen Vorteils. Zugleich nutzen die vielgestaltigen Kombinationsmöglichkeiten den Verwendern und wirken geschlossenen Systemen bzw. Oligopolstrukturen entgegen. Letztlich wird dadurch Technikoffenheit und

---

[10] *Droste*, CCZ 2015, 105 (109); *Grünvogel/Dörrenbächer*, ZVertriebsR 2019, 87 (91).
[11] *Wagner*, AcP 217 (2017), 707 (752).

offener Wettbewerb gefördert. Vor diesem Hintergrund ist eine ausnahmslose Übertragung der auf dem Honda-Urteil beruhenden BGH-Rechtsprechung auf fremde digitale Zubehörprodukte nicht angezeigt. Es wird vielmehr für einen Kompromiss plädiert, wonach die Produktbeobachtungspflicht zumindest auch fremde digitale Zubehörprodukte umfasst, die gebrauchsnotwendig sind oder vom Hauptprodukthersteller empfohlen werden.[12] Die zusätzliche Beobachtung von rein fakultativen digitalen Zubehörprodukten, die mit dem Hauptprodukt kombinierbar sind, wie etwa Apps eines Drittanbieters für das Multimedia-System eines Fahrzeugs, wäre indes kaum leistbar.[13] Eine Begrenzung auf die besonders üblichen digitalen Zubehörprodukte der Marktführer erscheint hingegen angemessen zu sein.[14]

Im Übrigen müssen die Zubehörhersteller verstärkt in die (Produktbeobachtungs-)Pflicht[15] genommen werden, da sie regelmäßig einen besseren Überblick über die vergleichsweise zahlenmäßig geringeren Hauptprodukte und deren Kompatibilität haben als die Hauptproduktehersteller über die nicht selten unzähligen fremden Zubehörprodukte. Die Zubehörhersteller trifft in ihrer Produzentenrolle eine originäre Produktbeobachtungspflicht gemäß § 823 Abs. 1 BGB, die insbesondere die Auswirkungen des Zubehörs auf das Hauptprodukt erfasst. Dieser Gedanke findet sich ebenso in § 3 Abs. 2 S. 2 Nr. 3 ProdSG wieder, wonach „die Einwirkungen des Produkts auf andere Produkte" bei der Sicherheitsbeurteilung zu berücksichtigen sind (auch wenn Stand alone-Software nicht dem ProdSG unterfällt). Hauptprodukthersteller müssen die ihnen zugetragenen Erkenntnisse und Informationen der Zubehörhersteller zumindest im Rahmen ihrer passiven Produktbeobachtungspflicht verwerten.

---

[12] In diese Richtung wohl auch *Wagner*, AcP 217 (2017), 707 (752 f.).
[13] So auch in Bezug auf analoge Zubehörteile *Foerste* in *ders./Graf von Westphalen*, Produkthaftungshandbuch, 3. Aufl. 2012, § 25 Rn. 222.
[14] *Droste*, CCZ 2015, 105 (109); *Steege*, NZV 2021, 6 (11).
[15] Vgl. MüKoBGB/*Wagner*, 8. Aufl. 2020, § 823 Rn. 1009; *Droste*, CCZ 2015, 105 (108).

> **Praxishinweis**
>
> Der Hauptprodukthersteller kann seine Verantwortung und Produktbeobachtungspflicht reduzieren, indem er den Zugang für digitale Zubehörprodukte mit technischen Mitteln einschränkt und/oder den Kreis kompatibler Zubehörprodukte ausdrücklich oder abschließend benennt. Hierdurch grenzt der Hersteller den bestimmungsgemäßen Gebrauch des Produkts ein, zu dem u. a. die Möglichkeiten des Zubehöreinsatzes gehört.[16] Zwar muss der Hersteller auch Risiken bei vorhersehbarer (Fehl-)Anwendung im Zusammenhang mit nicht autorisiertem Zubehör beachten. Allerdings stellt „die Verwendung eines Produktes unter Missachtung anforderungsgerechter Benutzerinformationen"[17] bekanntlich keine vorhersehbare Verwendung (i.S.v. § 2 Nr. 27 ProdSG) mehr dar. Vielmehr erweist sie sich regelmäßig als Produktmissbrauch, für den der Hersteller keine produktsicherheitsrechtliche Verantwortung übernehmen muss.
> Bei einer Beschränkung sollte das Kartellrecht im Blick behalten werden,[18] auch wenn aus Sicht des Wettbewerbsrechts eine allgemeine Verpflichtung zur Bereitstellung von interoperablen Produkten abgelehnt wird.[19] Allerdings kann, wie erwähnt, die fehlende Interoperabilität unter Umständen einen Produktmangel i.S.d. §§ 327e, 434 Abs. 2 S. 2 BGB sein.[20]

5.1.2.2 Stand alone-Software als digitales Quasi-Zubehör (Cloud-Computing)

Ob fremder Stand alone-Software die Qualität von digitalem Zubehör zukommt, ist indes fraglich. Es handelt sich dabei um fremde Anwendungsprogramme, die keine Installation auf dem Hauptprodukt erfordern und damit nicht zu seinem Bestandteil werden. Vereinfacht dargestellt befinden sich diese Applikationen in einer Cloud (sog. Cloud-Computing), von wo aus sie operieren. Ihre Nutzung erfolgt

---

[16] *Foerste* in *ders./Graf von Westphalen,* Produkthaftungshandbuch, 3. Aufl. 2012, § 25 Rn. 188; Spindler, CR 2015, 766 (769).

[17] Leitlinien zum Produktsicherheitsgesetz, hrsg. v. Länderausschuss für Arbeitsschutz und Sicherheitstechnik, 3. Aufl. 2013, Leitlinie 3/4, S. 17.

[18] *Ackermann* in *Taeger/Ehring,* Produkthaftungs- und Produktsicherheitsrecht, 2022, § 823 BGB Rn. 121.

[19] *Kerber/Schweitzer,* JIPITEC 8 (2017), 39 (42 ff.).

[20] Dazu näher MüKoBGB/*Metzger,* 9. Aufl. 2022, § 327e Rn. 16.

internetgebunden über eine im Hauptprodukt vorhandene Schnittstelle. Dabei gibt es verschiedenste Spielarten von Cloud-Produkten.[21]

Auch wenn Stand alone-Software nicht in das Hauptprodukt integriert wird, kann sie System, Funktionalitäten und Sicherheitseigenschaften des Hauptprodukts beeinträchtigen. Denkbar ist etwa, dass ein über eine Cloud operierendes Navigationssystem ein autonom fahrendes Fahrzeug auf die Gegenfahrbahn leitet oder zum Versagen des Bremssystems führt. Von der Funktion sowie Risikoursache und -wirkung her sind Stand alone-Software und integrierte Software im Grunde identisch. Der Unterschied besteht lediglich darin, dass die Stand alone-Software als (fortwährende) Dienstleistung eines Externen zur Verfügung gestellt wird, wohingegen die nachträglich integrierte Software zum Bestandteil des Hauptprodukts wird. Aufgrund des Dienstleistungscharakters ist bei Stand alone-Software oder Cloud Computing auch von „Software-as-a-Service" die Rede. Die Einbettung der Stand alone-Software in eine Dienstleistung steht einer Produktbeobachtung nicht per se entgegen. So verliert ein Produkt nicht deshalb seine Produktqualität, weil es im Zuge einer Dienstleistung zum Einsatz kommt. Diese Wertung verdeutlicht etwa die Legaldefinition des Begriffs „Verbraucherprodukt" gemäß § 2 Nr. 25 ProdSG bzw. Art. 3 Nr. 1 GPSR. Danach gilt als Verbraucherprodukt auch ein Produkt, das der Verbraucherin oder dem Verbraucher im Rahmen einer Dienstleistung zur Verfügung gestellt wird. Verschiedene vertragliche Vertriebsformen, Geschäfts- und Liefermodelle rechtfertigen daher keine unterschiedliche Behandlung von Stand alone-Software und integrierter Software, solange die Funktionsweisen und die sich in einem Produkt manifestierenden Gefahrenpotenziale dieselben sind. Im Übrigen erweist sich eine stets trennscharfe Unterscheidung von Stand alone-Software und integrierter Software nicht immer als möglich, weil die Nutzung einer Stand alone-Software die vorherige Installation einer Software auf dem Hauptprodukt, beispielsweise einer App, als Schnittstelle voraussetzen kann.

Angesichts der generellen Vergleichbarkeit mit Software, die auf dem Hauptprodukt installiert wird, kann Stand alone-Software als digitales

---

[21] Dazu im Einzelnen *Völker/Schnatz/Breyer*, MMR 2022, 427.

Quasi-Zubehör eingestuft werden. Im Ergebnis gleichen sich daher die Produktbeobachtungspflichten in Bezug auf digitales Zubehör und digitales Quasi-Zubehör (insoweit gelten die gleichen Erwägungen wie in Abschn. 6.1.2.1).

Neben den Hauptprodukthersteller trifft den Cloud-Anbieter, der die Stand alone-Software programmiert und betreibt, ebenso eine Produktbeobachtungspflicht. Wie erwähnt, setzt die Produzentenhaftung im Gegensatz zur Produkthaftung und zum Produktsicherheitsrecht keinen körperlichen Gegenstand voraus. Während also nach dem ProdHaftG keine Haftung für fehlerhafte Dienstleistungen besteht, nimmt § 823 Abs. 1 BGB auch Erbringer von Dienstleistungen in die Pflicht.[22]

> **Praxishinweis**
>
> Da sowohl Hauptprodukthersteller als auch Cloud-Anbieter Produktbeobachtungspflichten erfüllen müssen, bietet es sich für die Akteure an, eine „Schnittstellenvereinbarung" zu schließen. In dieser Vereinbarung können klare Verantwortlichkeiten in Bezug auf die Produktbeobachtung von Kombinationsgefahren geregelt werden. Eine solche Zusammenarbeit hätte den Vorteil, dass eindeutige Verantwortungsbereiche geschaffen werden und jede Partei sich auf ihre jeweilige Expertise im Sinne einer ressourcenschonenden und dennoch effektiven Risikoerkennung konzentrieren kann.

5.1.2.3 Vernetzte Produkte als smarte Kombinationsprodukte

Smarte Produkte zeichnen sich dadurch aus, dass sie sich im Rahmen einer (komplexen) IoT-Umgebung mit anderen Produkten vernetzen, mit ihnen kommunizieren und zusammenwirken können. Im industriellen Kontext besteht (unter dem Begriff Industrie 4.0) etwa unter Maschinen unterschiedlicher Hersteller eine Vernetzung, während im Smart Home-Bereich übliche Haushaltsgeräte miteinander

---

[22] MüKoBGB/*Wagner*, 8. Aufl. 2020, § 823 Rn. 923.

gekoppelt sind. Die Verbindung erfolgt dabei über eine Schnittstelle wie etwa Bluetooth. Diese fremden vernetzungsfähigen Produkte stellen zwar kein klassisches Zubehör dar, weil sie keine dienende Funktion, sondern eine funktionale Eigenständigkeit haben und „auf Augenhöhe" mit dem Hauptprodukt stehen. Sie können aber angesichts der drahtlosen Verbindungsweise als smarte Kombinationsprodukte verstanden werden.

Eine Produktbeobachtungspflicht besteht auch in Bezug auf Kombinationsprodukte, wie aus der Honda-Entscheidung folgt, die ausdrücklich das Begriffspaar „Zubehör- und Kombinationsprodukt" verwendet. Für die Qualifizierung als Kombinationsprodukt spielt es keine Rolle, ob eine physische oder digitale Verbindung die Produktkombination erzeugt, auch wenn der BGH nicht-körperliche Verbindungen beim Honda-Urteil wohl kaum im Sinne hatte.

Angesichts der regelmäßig unzähligen Kopplungsmöglichkeiten und der damit potenziell einhergehenden Datenflut gilt es, die Produktbeobachtungspflicht hinsichtlich smarter Kombinationsprodukte ebenfalls zu begrenzen.[23] Eine Beobachtung von bloß kurzzeitig, en passant interagierenden Kombinationsprodukten, die mit dem Hauptprodukt nicht funktional zusammenwirken, kann bei verständiger Würdigung gewiss nicht gefordert werden.[24] Eine vollständige Befreiung von der Produktbeobachtungspflicht lässt sich angesichts allfälliger Kombinationsgefahren, die bei digitalen Verbindungen entstehen können, indes ebenso wenig begründen. Wie auch bei digitalen Zubehörprodukten bietet es sich an, die Beobachtung auf gebrauchsnotwendige und empfohlene Kombinationsprodukte zu beschränken (insoweit gelten die gleichen Erwägungen wie in Abschn. 6.1.2.1). Den Hersteller des Kombinationsprodukts treffen im Übrigen die gleichen Produktbeobachtungspflichten in Bezug auf das Hauptprodukt.

---

[23] *Grünvogel/Dörrenbächer*, ZVertriebsR 2019, 87 (91); *Droste*, CCZ 2015, 105 (109).
[24] In diese Richtung wohl *Wagner*, AcP 217 (2017), 707 (752); *Spindler*, CR 2015, 766 (769).

5.1.3 Umfang und Umsetzung der softwarebezogenen Produktbeobachtungspflicht

Der Umfang und die Umsetzung der softwarebezogenen Produktbeobachtungspflicht bemessen sich zunächst einmal nach den Regeln und Maßstäben der Beobachtung von analogen Produkten. Danach hängen die Intensität und die erforderliche Reichweite der Produktbeobachtung in erster Linie von dem Gefahrenpotenzial des Produkts in Relation zum tatsächlich Machbaren und Zumutbaren ab (s. Abschn. 4.3.2). Die digitalen Elemente eines Produkts wirken sich einerseits auf die Bezugspunkte der Beobachtung aus, weil neben der Produktsicherheit auch die IT-Sicherheit in den Fokus rückt. Andererseits eröffnen und erfordern digitale Produktfunktionen den Einsatz neuer Mittel bei der Umsetzung der Pflicht.

5.1.3.1 Product Safety und Product Security als Bezugspunkte der digitalisierten Produktbeobachtung

Bezugspunkte der Produktbeobachtung sind die von einem Produkt ausgehenden Gefahren für geschützte Rechtsgüter einer Person. Während das ProdSG auf den Schutz der Sicherheit und der Gesundheit von Personen abzielt, erfasst § 823 Abs. 1 BGB verschiedene Rechtsgüter, zu denen auch das Leben, der Körper und die Gesundheit gehören. Daher müssen im Rahmen der öffentlich-rechtlichen und zivilrechtlichen Produktbeobachtung mögliche Fehler der Hardwarekomponenten und der physischen Produktelemente, die zu Personenschäden führen können, im Blick behalten werden (analoge Produktsicherheit). Ferner gilt es, die produktbezogene Software zu beobachten.[25] Softwarefehler können schadenstiftende Produktfunktionen auslösen, die sich oftmals in der Hardware manifestieren, und letztlich Personenschäden hervorrufen (digitale Produktsicherheit).

---

[25] *Lehmann,* NJW 1992, 1721 (1723); *Spindler,* NJW 2004, 3145 (3147 f.).

Damit sind die Zielrichtungen der klassischen Produktsicherheit (Product Safety) umschrieben.

Neben die Product Safety tritt seit dem Beginn der Digitalisierung von Produkten die produktbezogene IT-Sicherheit (Product Security) als weiterer Bezugspunkt der produzentenhaftungsrechtlichen Produktbeobachtung. Die produktbezogene IT-Sicherheit bezweckt den Schutz des Produkts vor manipulativen, kompromittierenden Einwirkungen auf die (produktintegrierte) Software durch Dritte, die in Rechtsgüterschäden umschlagen können. Die Erstreckung der Produktbeobachtung auf die IT-Sicherheit ist gerechtfertigt, weil sie mittelbar der Produktsicherheit dient. Daher entpuppt sich die IT-Sicherheit als Teilaspekt auch des Produktsicherheitsrechts bzw. der produktsicherheitsrechtlichen Produktbeobachtungspflicht. So ist unschwer vorstellbar, dass sich Hacker der Steuerung eines vernetzten Produkts unter Ausnutzung einer IT-Sicherheitslücke bemächtigen (Hijacking) und die Funktionen derart manipulieren, dass der Nutzer oder Dritte zu Schaden kommen. Cyberangriffe können zusätzlich die Beeinträchtigung des betroffenen Produkts selbst bewirken sowie in Beschädigungen anderer Produkte, also in Eigentumsverletzungen, resultieren.[26] Daneben spielen Daten eine wichtige Rolle im Rahmen der IT-Sicherheit. Schließlich generieren und enthalten etwa IoT-Verbraucherprodukte personenbezogene Daten oder vernetzte Maschinen nicht-personenbezogene Wirtschaftsdaten. Obwohl § 823 Abs. 1 BGB Daten nicht ausdrücklich als geschütztes Rechtsgut aufführt, können bestimmte Daten dem haftungsrechtlichen Schutz im Rahmen der „sonstigen Rechte" unterliegen und insoweit die Produktbeobachtungspflicht aktivieren. Die normative Grundlage dafür bilden das Grundrecht auf Gewährleistung der Vertraulichkeit und Integrität informationstechnischer Systeme und das Grundrecht auf informelle Selbstbestimmung als besondere Ausflüsse des allgemeinen Persönlichkeitsrechts gemäß Art. 2 Abs. 1 i.V.m. Art. 1 Abs. 1 GG. Letzteres ist ein geschütztes Rechtsgut gemäß § 823 Abs. 1 BGB. Diese Rechte sichern das Interesse des Nutzers an

---

[26] *Wiebe*, InTeR 2021, 66, (67).

der Vertraulichkeit der erzeugten, verarbeiteten und gespeicherten Daten und schützen vor Nutzung oder Manipulierung von Leistungen, Funktionen und Speicherinhalten sowie Datenverlust durch unbefugte Dritte.[27] Daneben wird teilweise das Recht am eigenen Datenbestand i.S.e. weiteren „sonstigen Rechts" gemäß § 823 Abs. 1 BGB als Anknüpfungspunkt für die Produktbeobachtungspflicht hinsichtlich allfälliger Risiken für nicht-personenbezogenen Wirtschaftsdaten diskutiert.[28]

Im Zusammenhang mit der Gewährleistung der IT-Sicherheit steht der Schutz vor vorsätzlichem Missbrauchsverhalten Dritter in Bezug auf Produkte im Zentrum. Obwohl erst dieses missbräuchliche Drittverhalten ein unmittelbares Risiko setzt und einen Schaden verursachen kann, erstrecken sich just darauf Herstellerverantwortung und Produktbeobachtungspflicht. Denn der Hersteller eröffnet mit dem Inverkehrbringen eines Produkts, das unter einer ausnutzbaren IT-Sicherheitslücke leidet und ein Einfallstor für eine Manipulation bietet, eine Gefahrenquelle und ermöglicht damit überhaupt einen Cyberangriff. Der Nutzer hat regelmäßig nur geringe Möglichkeiten, sich selbst zu schützen, weil der Zugriff auf smarte Produkte angesichts ihrer Konnektivität leichter ist und Cyberangriffe anonym, unbemerkt und aus der Distanz erfolgen. Daher treffen den Hersteller höhere Sorgfaltsanforderungen gemäß § 823 Abs. 1 BGB in Bezug auf vorhersehbares vorsätzliches Fehlverhalten Dritter.[29] Die Gewährleistung eines Mindestmaßes an IT-Sicherheit mittels Vorkehrungen zur Resilienz gegen Cyberangriffe, die Schäden für Leib und Leben verursachen können, gehört im Übrigen zu den berechtigten Sicherheitserwartungen eines Durchschnittsverwenders von smarten Produkten. Die Abwesenheit von jeglichen Schutzmaßnahmen käme einer „Einladung" zur

---

[27] *Eisenberg*, InTeR 2021, 17 (19); *Schmid*, IT- und Rechtssicherheit automatisierter und vernetzter cyber-physischer Systeme, 2019, S. 194; vgl. auch *Michl*, NJW 2019, 2729 (2733).
[28] MüKoBGB/*Wagner*, 8. Aufl. 2020, § 823 Rn. 333; *Schmid*, IT- und Rechtssicherheit automatisierter und vernetzter cyber-physischer Systeme, 2019, S. 194.
[29] MüKoBGB/*Wagner*, 8. Aufl. 2020, § 823 Rn. 486; *Spindler*, NJW 2004, 3145 (3146); *Oechsler*, NJW 2022, 2731 (2716); *Droste*, CCZ 2015, 105 (109); vgl. auch aus Sicht des Produktsicherheitsrechts *Schucht*, NVwZ 2021, 532 (534); *Wiebe*, ZRP 2023, 73 (74).

Vornahme von Sabotageakten gleich, sodass sich der Hersteller eine auf IT-Sicherheitslücken beruhende Schadensverursachung zurechnen lassen müsste.[30]

5.1.3.2 Digitale Umsetzungsmaßnahmen und Produkteigenschaften: Neuausrichtung der Reichweite der Produktbeobachtung?

Die digitalen Funktionen und Eigenschaften eines Produkts ermöglichen zuvörderst eine remote-Produktbeobachtung mithilfe von IT-basierten Datenerfassungs- und Analyseinstrumenten, die in Gestalt eines bestimmten Algorithmus im Produkt implementiert sind. Diese Instrumente generieren sicherheitsrelevante Daten in Echtzeit direkt im jeweiligen Produkt und senden sie an den Hersteller zur weiteren Auswertung.[31] Im Rahmen der remote-Produktbeobachtung lassen sich überdies KI-Anwendungen oder Blockchain-Technologien unterstützend einbinden. Die Blockchain-Technologie, die auch von der EU bei der Gewährleistung der Produktsicherheit propagiert wird,[32] ermöglicht nicht nur eine zielgerichtete Rückverfolgbarkeit und einen remote-Zugriff auf Produkte, um gezielte Gefahrenabwehrmaßnahmen durchzuführen (Software-Updates, Warnungen, Rückrufe). Daneben hilft die Blockchain-Technologie bei der Dokumentation einzelner Produktbeobachtungsschritte als verfälschungssicherer Nachweis für Umsetzung der Produktbeobachtungspflicht.[33] Zugleich müssen auch die eingesetzten Instrumente ihrerseits auf Fehler und Bewährung beobachtet werden; der Einsatz von Technologie entbindet

---

[30] *Wiebe*, InTeR 2021, 66 (68).
[31] *Schmid*, IT- und Rechtssicherheit automatisierter und vernetzter cyber-physischer Systeme, 2019, S. 205 ff.; *Hartmann*, PHi 2017, 42 (44); *Grünvogel/Dörrenbächer*, ZVertriebsR 2019, 87 (89); *Droste*, CCZ 2015, 105 (108 ff.); *Gomille*, JZ 2016, 76 (80).
[32] Entschließung des Europäischen Parlaments vom 25.11.2020 zur Produktsicherheit im Binnenmarkt, P9_TA(2020)0319.
[33] Dazu näher *Hillemann/Wiebe*, CB 2020, 455 (459).

nicht von der Technikverantwortung.[34] Wie in Abschn. 6.1 noch zu erörtern ist, besteht jedoch nur ausnahmsweise eine Pflicht, solche Analysetools im Produkt zu verbauen und die durch sie gewonnenen Daten zu verwerten. Wenn der Hersteller produktbezogene Daten ohnehin erhebt, darf er unabhängig vom Datenerhebungszweck die Augen vor den Dateninhalten und den daraus ableitbaren Erkenntnissen nicht verschließen.[35] Die Nutzung digitaler Beobachtungsinstrumente sollte ungeachtet dessen erwogen werden, ob eine Pflicht zur remote-Produktbeobachtung anzunehmen ist. Abgesehen davon können auch Softwarezulieferer vertieft in die Produktbeobachtung einbezogen werden, wenn sie direkten Fernzugriff auf das Produkt bzw. die sich darin befindliche Software haben. Auch wenn die Softwarezulieferer eine eigene originäre Beobachtungspflicht gemäß § 823 Abs. 1 BGB trifft, könnte der Produkthersteller zusätzlich einen begrenzten Teil seiner Produktbeobachtungspflicht auf Grundlage einer ordnungsgemäßen Delegierung auf den Softwarezulieferer übertragen.[36]

Künstliche Intelligenz (KI) bzw. selbstlernende Systeme[37] erfordert bzw. erfordern eine besonders intensive Produktbeobachtung. Sie gehören zu noch nicht vollausgereiften, in der Entwicklung befindlichen Technologien, die beachtliche Risiken für bedeutende Rechtsgüter bergen können.[38] Vor allem aber unterliegen selbstlernende Systeme keinem „Design Freeze". Vielmehr sind sie auf eine technisch-funktionale Fortentwicklung (in der Form des Deep Learnings) nach ihrem Inverkehrbringen ausgelegt, die auch Sicherheitseigenschaften und -zustand beeinflussen kann.[39] Die Veränderbarkeit kann im Rahmen des bestimmungsgemäßen Gebrauchs und

---

[34] *Schmid*, IT- und Rechtssicherheit automatisierter und vernetzter cyber-physischer Systeme, 2019, S. 226.
[35] *Schmid*, CR 2019, 141 (148).
[36] Hierzu im Allgemeinen *Foerste* in *Foerste/Graf von Westphalen*, Produkthaftungshandbuch, 3. Aufl. 2012, § 25 Rn. 128 ff.
[37] Zu den verschiedenen Facetten der Begriffe „KI-System" und „autonomes System" siehe etwa *Borges*, NJW 2018, 977 (978); *Graf von Westphalen*, VuR 2020, 248; *Specht/Herold*, MMR 2018, 40.
[38] *Gomille*, JZ 2016, 76 (80); *Steege*, NZV 2021, 6 (11).
[39] *Oechsler*, NJW 2022, 2713 (2715).

der vorhersehbaren Fehlanwendung durch den Hersteller bzw. Nutzer, etwa mittels Updates, initiiert werden oder ist bereits im System angelegt.[40] Deshalb können nicht nur Programmierfehler oder Hackerangriffe Ursachen für sicherheitsrelevante Fehlfunktionen sein. Auch vom Hersteller angelerntes Erfahrungswissen – namentlich die verwendeten Trainingsdaten – oder der daran anknüpfende Lernprozess, der vom Nutzer fortgeführt wird, können ungewolltes, falsches Systemverhalten und dadurch Sicherheitsrisiken auslösen.[41] Erschwerend kommt hinzu, dass sich die von KI-Systemen autonom getroffenen Entscheidungen nicht nachvollziehen lassen (sog. „Black Box-Problem"). Das Charakteristikum der Autonomität und Veränderbarkeit bestimmt daher den Pflichtenumfang: je höher der Grad der Autonomität und Veränderbarkeit des Systems, desto engmaschiger die Beobachtung. Vor diesem Hintergrund plädiert die Bundesanstalt für Arbeitsschutz und Arbeitsmedizin (BAuA) in einem Forschungsvorhaben zu den rechtlichen Rahmenbedingungen für die Bereitstellung autonomer und KI-Systeme für eine produktsicherheitsgesetzliche Verankerung einer Pflicht zur Erstellung eines Produktbegleitungskonzepts.[42] Diese an den Hersteller gerichtete Pflicht soll dann bestehen, wenn er aufgrund der Veränderbarkeit des Produkts keine abschließende Risikobeurteilung im Zuge der Konstruktion erstellen kann. Das Produktbeobachtungskonzept soll im Gegensatz zur herkömmlichen Produktbeobachtung gemäß § 6 Abs. 3 ProdSG als Verkehrsfähigkeitsvoraussetzung Gegenstand eines Konformitätsbewertungsverfahrens sein und sowohl das Sammeln von Informationen als auch das Ergreifen von Gefahrabwehrmaßnahmen umfassen. In Anlehnung an diesen Vorschlag tun Hersteller gut daran, bereits jetzt ein agiles Produktbeobachtungssystem zu etablieren, das der Autonomität und Veränderbarkeit des Produkts Rechnung trägt. Ein solches System muss sich den Veränderungen der Produkte anpassen und darf nicht nur Software-

---

[40] Rechtliche Rahmenbedingungen für die Bereitstellung autonomer und KI-Systeme, hrsg. v. Bundesanstalt für Arbeitsschutz und Arbeitsmedizin (BAuA), 2021, S. 58, 91.
[41] *Oechsler*, NJW 2022, 2713 (2714).
[42] Rechtliche Rahmenbedingungen für die Bereitstellung autonomer und KI-Systeme, hrsg. v. Bundesanstalt für Arbeitsschutz und Arbeitsmedizin (BAuA), 2021, S. 189 ff.

fehler bzw. IT-Sicherheitslücken in den Blick nehmen. Es gilt, ebenso lernprozessbedingte Fehlleistungen in das Zentrum zu rücken, auch wenn Nutzerverhalten dafür ursächlich sein könnte.

5.2 Pflicht und Möglichkeiten zur Abwehr von (softwarebedingten) Gefahren bei smarten Produkten

Stellt sich im Rahmen der Produktbeobachtung die Gefährlichkeit eines smarten Produkts heraus, muss der Hersteller Maßnahmen zur Abwendung der Gefahr ergreifen, um produktbedingte Schäden an geschützten Rechtsgütern und damit Schadensersatzansprüche nach den Grundsätzen der Produzentenhaftung gemäß § 823 Abs. 1 BGB zu vermeiden. Insoweit gilt nicht anderes als bei analogen Produkten (s. Abschn. 3.2). Die Softwarekomponenten, die Veränderbarkeit, die Interoperabilität und die Konnektivität smarter Produkte bringen jedoch Besonderheiten bei der Auswahl und Gestaltung möglicher Gefahrabwendungsmaßnahmen mit sich, die im Weiteren dargestellt werden. Eine entsprechende Gefahrabwendungspflicht kann auch Softwarezulieferer oder Anbieter von Stand alone-Software treffen.[43]

Auf Grundlage des Marktüberwachungsrechts können die zuständigen Marktüberwachungsbehörden gegenüber Herstellern Korrekturmaßnahmen anordnen. Das Instrumentarium des Marktüberwachungsrechts ermächtigt die Marktüberwachungsbehörden ausdrücklich oder zumindest mithilfe von generalklauselartigen Befugnissen, zur Aufforderung bzw. Anordnung der im Folgenden dargestellten Gefahrwendungsmaßnahmen (vgl. etwa die §§ 7 f. MüG, Artt. 14 Abs. 4 Buchst. g, h, 16 Abs. 3 Buchst. c, g, Abs. 5 VO (EU) 2019/1020).[44] Um die Maßnahmenauswahl und -gestaltung mitzu-

---

[43] MüKoBGB/*Wagner*, 8. Aufl. 2020, § 823 Rn. 1009.
[44] Zur Möglichkeit einer Update-Anordnung siehe etwa *Wiebe*, NJW 2019, 625 (628 f.); ausführlich zu den Befugnissen im neuen Marktüberwachungsrecht *Schucht*, Die neue EU-Marktüberwachungsverordnung. Praxisleitfaden für die Herausforderungen im europäischen Produktsicherheitsrecht, 2021, S. 139 ff.

bestimmen und das „Heft in der Hand" zu halten, sollten Hersteller erfahrungsgemäß Maßnahmen proaktiv (freiwillig) und in Abstimmung mit den Marktüberwachungsbehörden ergreifen und nicht erst auf behördliche Anordnungen warten.

> **Praxishinweis**
>
> Die verschiedenen Maßnahmen verursachen unterschiedliche (Kosten-) Aufwände und können sich unterschiedlich auf das Image und die Reputation auswirken. Bei der Festlegung des Pflichtenumfangs und bei der Maßnahmenauswahl helfen u. a. folgende Kriterien, die einer „Jedesto-Formel" zugrunde liegen:
>
> - Höhe und Eintrittswahrscheinlichkeit eines Schadens (Risikograd) unter Verwendung der RAPEX-Risikobewertungsmethode[45]: Je höher der Risikograd, desto intensivere Maßnahmen sind angezeigt (Faustformel: ab einem mittleren Risiko i.S.d. RAPEX-Risikobewertung sollten Maßnahmen jedenfalls erwogen werden)
> - gefährdete Rechtsgüter: Risiken für Sicherheit und Gesundheit erfordern ein umfangreicheres Tätigwerden als bloße Sachrisiken
> - Kreis der Nutzer und Gefährdeten: Verbraucher oder professionelle Nutzer, Erwachsene oder Kinder (bzw. andere schutzbedürftige Gruppen), unbeteiligte Dritte
> - Sicherheitserwartung: übliche Sicherheitserwartungen der Nutzer bzw. Gefährdeten an spezifische Produktart
> - Anzahl und Identifizierbarkeit der konkret betroffenen Produkte: handelt es sich um ein Volumenprodukt, sollten Maßnahmen mit großer Streuwirkung getroffen werden
> - Zeitpunkt des Inverkehrbringens und durchschnittliche Produktlebensdauer: liegt die Entdeckung des Sicherheitsmangels in zeitlicher Hinsicht weit nach dem Inverkehrbringen bzw. der durchschnittlichen Produktlebensdauer, dürften sich noch vergleichsweise wenige betroffene Produkte im Feld befinden (Indiz für geringe Eintrittswahrscheinlichkeit, wenn keine sicherheitsrelevanten Vorkommnisse bekannt wurden)
> - Komplexität des Produkts bzw. des Sicherheitsmangels: bei komplexen Produkten bzw. Sicherheitsmängeln scheiden Maßnahmen zur „Selbsthilfe" regelmäßig aus

---

[45] Siehe Durchführungsbeschluss (EU) 2019/417.

- technische Möglichkeit und Wirksamkeit: die gewählte Maßnahme muss geeignet und effektiv sein, die Gefahr im Feld tatsächlich abzuwenden
- wirtschaftliche Zumutbarkeit: Abwägung der Kosten und nachteiligen Folgen einer Maßnahme im Verhältnis zum betroffenen Rechtsgut und dem Risikograd

Die getroffene Maßnahmenauswahl sollte anhand dieser Kriterien begründet und dokumentiert werden. Auch die anschließende Umsetzung der Maßnahme und ihr Abschluss sind in der Dokumentation festzuhalten.

5.2.1 Unterrichtung der Softwarezulieferer und Zubehörhersteller

Zunächst hat der Hersteller den Softwarezulieferer (und umgekehrt) über festgestellte Programmierfehler oder IT-Sicherheitslücken zu informieren, um ihn dadurch in die Pflicht zu nehmen. In Übereinstimmung mit der Verpflichtung zur Nachmarktbeobachtung von digitalem Zubehör und smarten Kombinationsprodukten gilt Gleiches in Bezug auf entsprechende Zubehör- bzw. Kombinationsprodukthersteller. Der Hersteller sollte auf Zulieferer und Zubehörsteller einwirken, damit sie ihn bei der Umsetzung etwaiger Gefahrabwendungsmaßnahmen unterstützen und die erkannten Fehler künftig (konstruktiv) beheben.[46] Auch wenn die Ursache für die Gefahr beim Zusammenwirken zwischen Hard- und Software auf das physische Hauptprodukt des Herstellers zurückzuführen ist, sollte er die Zulieferer und Zubehörhersteller darüber in Kenntnis setzen. Weil diese Maßnahme so niedrigschwellig ist, bietet es sich ohne Weiteres an, die betreffenden Akteure bereits bei geringen Risiken zu unterrichten. Eine Formanforderung an die Meldung gibt es nicht. Um eine rasche Unter-

---

[46] *Foerste* in *ders./Graf von Westphalen*, Produkthaftungshandbuch, 3. Aufl. 2012, § 25 Rn. 208; *Droste*, CCZ 2015, 105 (108).

richtung sicherzustellen, kann daher eine E-Mail oder ein Telefonat ausreichen, sofern sichergestellt ist, dass die Information zügig an eine zuständige Stelle gelangt. Eine nachfolgende Dokumentation der Mitteilung (z. B. i.S.e. Telefonnotiz) kann sich als sinnvoll erweisen.

5.2.2 Sicherheitsupdate der Software

Der BGH hat in dem wichtigen Pflegebetten-Urteil – zumindest für den B2B-Bereich – entschieden, dass die Warnung der Nutzer als gebotene Gefahrabwendungsmaßnahme genüge und der Hersteller nicht zur Vornahme von kostenlosen Nachrüstungen verpflichtet sei. Demzufolge könne sich der Warnende darauf verlassen, dass sich der gewarnte B2B-Kunde an die Warnung halte. Mit der Warnung wird juristisch der Eigenschutz des Gewarnten aktiviert, der sich sodann daran halten muss, wenn und weil er dazu öffentlich-rechtlich verpflichtet ist (im konkreten Fall galt § 40 Abs. 3 S. 3 SGB XI).[47] Vor diesem Hintergrund gewährleistet bereits die Sicherheitswarnung die produzentenhaftungsrechtlich gebotene Effektivität der Feldmaßnahme. Hinzu kamen Erwägungen zur Kostenbelastung der Hersteller einerseits und zum Vorrang des Gewährleistungsrechts andererseits.[48]

Angesichts der Möglichkeit, Softwarefehler und IT-Sicherheitslücken mittels (Over-the-Air-)Sicherheitsupdates (sog. patch) zu beheben, lässt sich eine Beschränkung auf die Warnpflicht in dieser Form indes nicht mehr aufrechterhalten. Ein Software-Update ist nicht vergleichbar mit einer kostenfreien Nachrüstung der physischen Elemente eines Produkts.[49] Denn die herstellerseitigen Ausgaben für die Bereitstellung eines Software-Updates halten sich in der Regel in Grenzen. Zwar dürfen die Programmier- und Entwicklungskosten nicht ver-

---

[47] Ausführlich *Klindt*, BB 2009, 792 (793 ff.).
[48] *Wagner*, AcP 217 (2017), 707 (756).
[49] *Grünvogel/Dörrenbächer*, ZVertriebsR 2019, 87, 89; so wohl aber *Wiesemann/Mattheis/Wende*, MMR 2020, 139 (140); siehe auch *Reusch*, BB 2019, 904 (905 f.); *Raue*, NJW 2017, 1841 (1844 f.).

nachlässigt werden. Jedoch verursacht die anschließende Verbreitung des einmal programmierten und zigfach durchführbaren Updates via Internet vergleichsweise geringe Kosten.[50] Zudem dürfte die Effektivität eines Updates – jedenfalls im B2C-Bereich – im Vergleich zu einer Sicherheitswarnung (s. Abschn. 5.2.3) als Alternativlösung deutlich höher sein. Schließlich herrscht bei Verbrauchern häufig ein geringes Gefahrenverständnis und eine wenig ausgeprägte Gefahrensensibilität angesichts der Komplexität von IT-Sicherheitsmängeln.[51] Deshalb erweist sich die Befolgungsrate einer Warnung nicht selten als gering. Verbraucher ignorieren eine Warnung und eine damit verbundene Aufforderung zur Stilllegung auch deshalb, weil in ihrer Abwägung die Kosten einer Nutzungsaufgabe im Verhältnis zu den bekannt gegebenen Risiken überwiegen.[52] Allerdings ist in diesem Zusammenhang darauf hinzuweisen, dass der BGH die Sicherheitswarnung als ausreichende Gefahrabwendungsmaßnahme im B2C-Bereich bislang nicht anerkannt hat. Z. T. wird die Meinung vertreten, dass der BGH gerade mit Blick auf Verbraucher einen Vorbehalt in der „Pflegebetten-Entscheidung" formuliert habe;[53] nach a.A. soll die Warnung gegenüber Verbrauchern ebenso ein effektives Mittel zur Gefahrabwendung darstellen.[54]

Im Übrigen spricht auch die auf EU-Recht beruhende schuldrechtliche Pflicht zur Softwareaktualisierung gemäß den §§ 327 f., 475b BGB[55] nicht gegen die Anerkennung einer Update-Pflicht im Rahmen des § 823 Abs. 1 BGB:[56] Die Update-Pflichten gemäß den §§ 327 f., 475b BGB beschränken sich auf Verbraucherverträge, sind zeitlich begrenzt und richten sich an Unternehmer, die nicht zwingend identisch mit dem Hersteller sein müssen. Als schuldrecht-

---

[50] MüKoBGB/*Wagner*, 8. Aufl. 2020, § 823 Rn. 1008; *Wagner*, AcP 217 (2017), 707 (756); zweifelnd *Gansmeier/Kochendörfer*, JuS 2022, 704 (707 f.).
[51] Vgl. *BGH*, NJW 2009, 1080 (1081 f.); *Wiebe*, InTeR 2021, 66 (69).
[52] *Schmid*, IT- und Rechtssicherheit automatisierter und vernetzter cyber-physischer Systeme, 2019, S. 233; *Kettler*, PHi 2008, 52 (59); *Hartmann*, PHi 2017, 42 (45).
[53] Siehe *BGH*, NJW 2009, 1080 (1081).
[54] So *Klindt*, BB 2009, 792 (794 f.).
[55] Dazu *Meents/Obradovic*, ZfPC 2022, 13 (15 f.); *Schmidt-Kessel*, ZfPC 2022, 117.
[56] *Meents/Obradovic*, ZfPC 2022, 13 (16); a.A. *Gansmeier/Kochendörfer*, JuS 2022, 704 (707 f.).

liche Pflichten wirken sie lediglich zugunsten des Vertragspartners und vermitteln daher Dritten (sog. innocent bystander) keinen Schadensersatzanspruch, wenn sie aufgrund unterlassener Updates einen Schaden erleiden.[57]

Vor diesem Hintergrund ist die Bereitstellung eines Software-Updates als Gefahrabwendungsmaßnahme immer dann angezeigt, wenn sie im Vergleich mit einer Warnung keine erheblichen Kosten auslöst und effektiver erscheint. Die Zumutbarkeitsgrenze dürfte insbesondere bei verbauter Fremdsoftware, die zugekauft wurde und nicht-standardisiert ist, erreicht sein, sofern der Hersteller keine eigene Softwareabteilung unterhält und er daher einen erheblichen Programmieraufwand für ein Update betreiben müsste. In diesen Fällen kann jedoch den Softwarezulieferer eine Update-Pflicht treffen.

Die Entscheidung über das tatsächliche Aufspielen des Updates verbleibt jedoch in der Regel beim Nutzer. Es genügt also, wenn der Hersteller den Nutzern ein Update andient, dessen Verfügbarkeit anzeigt sowie über mögliche Folgen und Risiken einer unterlassenen Update-Durchführung aufklärt.[58] Nimmt ein Nutzer trotz Aufklärung das Update nicht vor und kommt es aufgrund dessen zum Schaden, trifft den Nutzer zumindest ein den Hersteller entlastendes Mitverschulden i.S.v. § 254 BGB.[59] Nur ausnahmsweise kann es dem Hersteller obliegen, ohne Kenntnis des Nutzers oder entgegen dessen Willen die Software-Aktualisierung durchzuführen. Ein solcher Ausnahmefall kann vorliegen, wenn ein fehlendes Update erhebliche Risiken für Leib und Leben nach sich zieht oder zur Gefährdung unbeteiligter Dritter führt.[60] In diesen Konstellationen kann der Nutzer gemäß § 1004 Abs. 2 BGB analog zur Duldung des Updates verpflichtet sein.[61]

---

[57] *Meents/Obradovic*, ZfPC 2022, 13 (16).
[58] *Wiebe*, InTeR 2021, 66 (69).
[59] *Grünvogel/Dörrenbächer*, ZVertriebsR 2019, 87 (90).
[60] *Wiesemann/Mattheis/Wende*, MMR 2020, 139 (141); *Wiebe*, InTeR 2021, 66 (69).
[61] *Meents/Obradovic*, ZfPC 2022, 13 (17 f.).

> **Praxishinweis**
> - Sicherstellung der Updatefähigkeit im Zuge der Konstruktion (Stichwort „Updatability")[62]
> - Beurteilung im Vorfeld des Updates, ob es zur „wesentlichen Veränderung" des Produkts i.S.d. Produktsicherheitsrechts führt[63]
>   - ein „wesentlich verändertes" Produkt gilt als neues Produkt
>   - derjenige, der die „wesentliche Veränderung" vornimmt, wird zum Hersteller
>   - drei Voraussetzungen einer „wesentlichen Veränderung":
>   1. die durch die Softwareaktualisierung hervorgerufene Veränderung der Funktionen, der Bauart oder der Leistung des Produkts wurde bei der ursprünglichen Risikobewertung nicht vorgesehen
>   2. Softwareaktualisierung führt zur Änderung der Art des Risikos oder zur Erhöhung des Risikoniveaus
>   3. Produkt wird erneut bereitgestellt
> - Vermeidung neuer Gefahren durch das Update
>   - fehlerfreie Programmierung des Updates
>   - Update-bedingte vorhersehbare Fehlanwendungen bei der Entwicklung berücksichtigen
>   - Bereitstellung von Informationen zur Durchführung des Updates und zu etwaigen Änderungen der Nutzungsmodalitäten (nachgelagerte Instruktionspflicht)
>   - Warnung und Informationen zu den Folgen bei Unterlassung der Updatedurchführung
> - Bei zugekaufter Fremdsoftware: Entwicklung und Zurverfügungstellung von sicherheitsrelevanten Software-Updates mit Softwarezulieferer vertraglich vereinbaren

5.2.3 Sicherheitswarnung

Entlang der downstream-Lieferkette können die Hersteller ihre direkten Kunden und/oder die Endnutzer hinsichtlich festgestellter Softwarefehler bzw. IT-Sicherheitslücken warnen. Eine Sicherheitswarnung kann an die Stelle eines Software-Updates oder flankierend daneben treten.

---

[62] *Hartmann,* PHi 2017, 42 (46 f.); *Reusch,* BB 2019, 904 (905 f.).
[63] Leitfaden für die Umsetzung der Produktvorschriften der EU 2022 („Blue Guide"), hrsg. v. der Europäischen Kommission, 2022, Abschn. 2.1.

Wie erwähnt, reicht nach der BGH-Rechtsprechung eine Sicherheitswarnung im B2B-Bereich regelmäßig aus. Ungeachtet dessen können Marktüberwachungsbehörden gemäß § 7 Abs. 1 S. 1 MüG i.V.m. Art. 14 Abs. 4 Buchst. g, h, VO (EU) 2019/1020 freilich weitere Marktüberwachungs- in Gestalt von Gefahrabwehrmaßnahmen verlangen und anordnen.

Neben der Warnung vor softwarebedingten Fehlern des eigenen Produkts kann es dem Hersteller obliegen, auch vor fremdhergestellten smarten bzw. digitalen Kombinations- und Zubehörprodukten zu warnen, die mit dem Hauptprodukt nicht-kompatibel sind und daher nicht sicher zusammenwirken können. Diese Gefahrabwendungsmöglichkeit verdichtet sich insbesondere dann zu einer Warnpflicht, wenn es sich um ein smartes Kombinationsprodukt bzw. digitales Zubehör handelt, das für den Betrieb des Hauptprodukts erforderlich ist oder das vom Hersteller zuvor empfohlen wurde. Das Lauterkeitsrecht steht einer solchen Warnung vor fremdhergestellten smarten Kombinationsprodukte bzw. digitalen Zubehörprodukten nicht entgegen, solange die Warnung auf Tatsachen beruht, sie sachlich formuliert ist und ein Bezug zum eigenen Hauptprodukt vorliegt.[64]

Öffentlichkeitswirksame Sicherheitswarnungen in Bezug auf IT-Sicherheitslücken können nicht nur einen erheblichen Reputationsschaden hervorrufen,[65] sondern Cyberangriffe überhaupt erst provozieren und Schäden ermöglichen.[66] Daher sollten nach Möglichkeit zielgerichtete Warnkampagnen unternommen werden.[67] Da kein besonderes Formerfordernis existiert, wäre es etwa denkbar, die Warnung direkt auf dem Display des betroffenen Geräts oder auf dem mit dem Produkt verbundenen Smartphone anzeigen zu lassen. Zusätzlich könnte die weitere Nutzung von einer Bestätigung der Kenntnisnahme der Warnung, die der Nutzer über die Bedienoberfläche abgeben kann und die auch

---

[64] *Foerste* in *ders./Graf von Westphalen*, Produkthaftungshandbuch, 3. Aufl. 2012, § 25 Rn. 198 f.
[65] *Wiebe*, Unternehmerfreiheit versus Verbraucherschutz?!, 2017, S. 229 f.
[66] *Raue*, NJW 2017, 1841 (1843 f.); *Hartmann*, PHi 2017, 42 (45); *Wiebe*, NJW 2019, 625 (629); *Grünvogel/Dörrenbächer*, ZVertriebsR 2019, 87 (89).
[67] *Wiebe*, InTeR 2021, 66 (69).

zu Beweiszwecken systemseitig protokolliert wird, abhängig gemacht werden.[68] Daher sollten solche Funktionen bereits im Zuge der Konstruktion mitbedacht werden.

> **Praxishinweis**
>
> Adressaten einer Sicherheitswarnung sind die Endnutzer. Daher gilt es, die Sicherheitswarnung in einer klaren und verständlichen Sprache zu formulieren. Auf Fachbegriffe sollte möglichst verzichtet werden Eine wichtige Ausnahme besteht bei professionellen Nutzern Wenn der Hersteller seine Produkte nicht direkt an die Endnutzer, sondern an Händler vertreibt, müssen diese aufgefordert werden, die Sicherheitswarnung an ihre Endkunden weiterzureichen und Rückmeldungen der Endkunden an den Hersteller zurückzumelden. Die Händler wiederum sind aufgrund ihrer Mittlerfunktion gemäß § 823 Abs. 1 BGB zur Mitwirkung an Feldaktionen verpflichtet.[69]
> Bei der Gestaltung einer Sicherheitswarnung sollte folgender Dreiklang eingehalten werden:
>
> - Aufzeigen der Gefahr (und ggf. der Ursache), also z. B. Stromschlaggefahr
> - Aufzeigen der Folgen bei Realisierung der Gefahr, also z. B. Tod durch Stromschlag
> - Hinweise zur Gefahrvermeidung und zu Abhilfemaßnahmen, also z. B. Aufforderung zur Nutzungsunterlassung, zur Deaktivierung der IT-Schnittstelle oder zur Durchführung eines Software-Update oder einer Reparatur

5.2.4 Remote-Sperrung und digitale Deaktivierung

Als Ultima Ratio kommt eine remote-Stilllegung des smarten Produkts in Betracht. Denkbar ist auch eine Deaktivierung einzelner Funktionen oder eine remote-Sperrung des nutzerseitigen Zugriffs auf das Produkt bzw. die Software. Eine finale Stilllegung ist mit einem

---

[68] *Schmid*, IT- und Rechtssicherheit automatisierter und vernetzter cyber-physischer Systeme, 2019, S. 230.
[69] *Foerste* in *ders./Graf von Westphalen*, Produkthaftungshandbuch, 3. Aufl. 2012, § 26 Rn. 42 f.

Rückruf vergleichbar.⁷⁰ Alternativ könnte eine nur zeitweise Fernsperrung erfolgen, solange etwa ein Sicherheitsupdate nicht aufgespielt oder das Produkt repariert bzw. nachgerüstet wird.⁷¹ Im Gegensatz zum klassischen Produktrückruf verlangen diese Maßnahmen keine zwingende Mitwirkung oder Kenntnis des Nutzers. Eine solche digitale Deaktivierungsfunktion müsste der Hersteller freilich bereits bei der Konstruktion berücksichtigen.

Da mit dieser Maßnahme eine starke Beeinträchtigung des Eigentums bzw. Besitzes des Nutzers einhergeht, ist sie nur bei erheblichen Gefahren für bedeutende Rechtsgüter zulässig.⁷² Dies gilt vor allem dann, wenn die remote-Durchführung der Maßnahme ohne Wissen oder sogar gegen den Willen des Nutzers stattfindet.⁷³ Daher haben Aufforderungen zur Nutzungsunterlassung im Rahmen gezielter Sicherheitswarnungen oder Software-Updates Vorrang. Nur wenn ein Software-Update mit erheblichen Schwierigkeiten und Aufwendungen verbunden ist oder der Nutzer einer Update- oder Deaktivierungsaufforderung nicht nachkommt, sollte eine digitale Deaktivierung in Erwägung gezogen werden.⁷⁴ Vorab ist jedoch die Androhung einer (zeitweisen) remote-Stilllegung bei Nichtbefolgung angezeigt. Als für den Nutzer mildere Maßnahmen sind vorübergehende Sperrungen und Deaktivierungen einzelner Funktionen vorrangig vor einer dauerhaften Stilllegung zu ergreifen. Sobald die Voraussetzungen für eine Wiederinbetriebnahme erfüllt sind, muss die Sperrung aufgehoben werden.⁷⁵

---

⁷⁰ MüKoBGB/*Wagner*, 8. Aufl. 2020, § 823 Rn. 279, 1011.
⁷¹ *Schmid*, IT- und Rechtssicherheit automatisierter und vernetzter cyber-physischer Systeme, 2019, S. 242.
⁷² *Grünvogel/Dörrenbächer*, ZVertriebsR 2019, 87 (90 f.).
⁷³ *Wiebe*, BB 2022, 899 (904).
⁷⁴ MüKoBGB/*Wagner*, 8. Aufl. 2020, § 823 Rn. 1011.
⁷⁵ *Grünvogel/Dörrenbächer*, ZVertriebsR 2019, 87 (90 f.).

Literatur

1. *Droste*, Produktbeobachtungspflichten der Automobilhersteller bei Software in Zeiten vernetzten Fahrens, CCZ 2015, 105.
2. *Gomille*, Herstellerhaftung für automatisierte Fahrzeuge, JZ 2016, 76.
3. *Grünvogel/Dörrenbächer*, Smartere Anforderungen an smarte Hausgeräte? – Der Maßstab für die Produktbeobachtungspflicht bei vernetzten Hausgeräten im Wandel, ZVertriebsR 2019, 87.
4. *Hartmann*, Here come the robots – Produkthaftung und Robotik am Beispiel des automatisierten und autonomen Fahrens, PHi 2017, 42.
5. *Meents/Obradovic*, Pflicht zur Durchführung und Duldung von Over-the-Air-Updates, ZfPC 2022, 13.
6. *Oechsler*, Die Haftungsverantwortung für selbstlernende KI-Systeme, NJW 2022, 2713.
7. *Piovano*, Die Einbeziehung von Software in den sachlichen Anwendungsbereich des ProdSG, PHi 2019, 80.
8. *Raue*, Haftung für unsichere Software, NJW 2017, 1841.
9. *Reusch*, Mobile Updates – Updatability, Update-Pflicht und produkthaftungsrechtlicher Rahmen, BB 2019, 904.
10. *Schmid*, IT- und Rechtssicherheit automatisierter und vernetzter cyberphysischer Systeme, 2019.
11. *Schmidt-Kessel*, Digitale Produktsicherheit im neuen Vertragsrecht, ZfPC 2022, 117.
12. *Schucht*, Safety & Security bei smarten Produkten, NVwZ 2021, 532.
13. *Spindler*, Roboter, Automation, künstliche Intelligenz, selbststeuernde Kfz - Braucht das Recht neue Haftungskategorien?, CR 2015, 766.
14. *Steege*, Auswirkungen von künstlicher Intelligenz auf die Produzentenhaftung in Verkehr und Mobilität, NZV 2021, 6.
15. *Wagner*, Produkthaftung für autonome Systeme, AcP 217 (2017), 707.
16. *Wiebe*, Produktsicherheitsrechtliche Betrachtung des Vorschlags für eine KI-Verordnung, BB 2022, 899.

17. *ders.*, IT-sicherheitsbezogene Pflichten von Herstellern smarter Produkte, InTeR 2021, 66.
18. *ders.*, Produktsicherheitsrechtliche Pflicht zur Bereitstellung sicherheitsrelevanter Software-Updates, NJW 2019, 625.
19. *Wiesemann/Mattheis/Wende*, Software-Updates bei vernetzten Geräten, MMR 2020, 139.

6

Produktbeobachtung und Haftung bei Datenkenntnis und im Zusammenhang mit Social Media

Zusamenfassung Dieses Kapitel behandelt zwei zentrale Fragen der Digitalisierung der Produktbeobachtung: Zum einen geht es darauf ein, welche Daten von smarten Produkten in welchem Umfang erhoben und für die Produktbeobachtung ausgewertet werden sollten; zum anderen steht der rechtssichere Umgang mit Social Media-Inhalten über die sichere Verwendung der eigenen Produkte im Fokus des Interesses. So wird etwa die Frage beantwortet, ob Inhalte von Dritten und/ oder sog. Influencern über den dezidiert unsicheren Umgang mit dem eigenen Produkt zu prüfen und ggf. zu löschen oder zu kommentieren sind. Abschließend wird die Rolle der sog. Datenintermediäre im Rahmen der Produktbeobachtung beleuchtet.

> **Was Sie aus diesem Kapitel mitnehmen**
>
> - Wann welche eigenen bzw. fremden Daten von smarten Produkten im Rahmen der Produktbeobachtungspflicht ausgewertet werden sollten.

- Welche eigenen Inhalte und welche Inhalte von Dritten im Internet im Allgemeinen und auf Social-Media-Kanälen im Besonderen für die Produktbeobachtung ausgewertet werden sollten.
- Welchen Einfluss das sog. Influencer-Marketing auf die Produkthaftung haben kann.
- Wie sich die Einbindung von sog. Datenintermediären bei der eigenen Produktbeobachtung auswirkt.
- Welche Produktbeobachtungspflichten die Datenintermediäre selbst treffen können.

6.1 Datenauswertung bei smarten Produkten

6.1.1 Einleitung

Für Hersteller von smarten Produkten stellt sich die Frage, ob die Daten, die von diesen Produkten generiert werden und mühelos an den Hersteller übertragen werden können, im Rahmen der Produktbeobachtungspflicht auszulesen und zu prüfen sind. Smarte Produkte bieten für die Hersteller die neuartige Chance, permanent über die Sicherheit des bereits im Feld befindlichen Produkts im Bilde zu sein. Dies wird durch drei wesentliche Produkteigenschaften erreicht:

- erstens integrierte Sensorik, die Daten über das Produkt und dessen Umgebung sammelt,
- zweitens die verbaute softwarebasierte Intelligenz, die Daten deutet und auswertet und
- drittens die Konnektivität, also die Verbindung zum Internet.

Der erste Impuls zahlreicher Hersteller, diese Daten für Marketing- und Entwicklungszwecke zu nutzen und daraus sogar eigenständige Businessmodelle zu entwickeln, ist – wirtschaftlich betrachtet – sicher richtig und begrüßenswert. Dabei darf jedoch nicht übersehen werden, dass mit der erhöhten Datenkenntnis eine gesteigerte Produktverantwortung einhergeht: Der Hersteller kann in diesem Fall buchstäblich in Echtzeit über potenzielle Produktgefahren Kenntnis erlangen. Dass sich daraus Implikationen im Rahmen der Produktbeobachtungspflicht ergeben, dürfte nicht verwundern. Fraglich ist hingegen, welche Daten der Hersteller in welchem Umfang auszulesen und zu prüfen hat und ob er sogar verpflichtet sein kann, Sensorik oder Schnittstellen speziell für den Zweck der Erfüllung der Produktbeobachtungspflicht in seine Produkte zu integrieren.

6.1.2 Abwägungskriterien

Bei der Abwägung, welche Maßnahmen vom Hersteller im Rahmen der Produktbeobachtungspflicht erwartet werden können, sind die bereits dargestellten Maßstäbe zu berücksichtigen (s. Abschn. 4.3.2). Zu erinnern ist daran, dass mit Blick auf Kosten, die Größe des Unternehmens und das potenzielle Gefährdungsrisiko des Produkts richtigerweise nicht jede technisch mögliche Maßnahme für die Produktbeobachtung eingesetzt werden muss. Relevante Grenzen werden insoweit durch die (wirtschaftliche) Zumutbarkeit gesetzt. Im Zusammenhang mit smarten Produkten muss jedoch berücksichtigt werden, dass die Hersteller in der Lage sind, IoT-Geräte und -Anwendungen aus der Ferne nicht nur zu beobachten, sondern auch zu verändern, bspw. über sog. Over-the-air-Updates. Falls ein Problem auftritt, kann die Software des Geräts aktualisiert oder „gepatcht" werden oder das Gerät mittels Fernschaltung ausgeschaltet werden (s. Abschn. 5.2.4). Ferner kann über smarte Produkte unmittelbar und schnell mit dem Verwender kommuniziert werden. Wenn das Problem schwerwiegend ist oder nicht aus der Ferne behoben werden kann, haben Hersteller die Möglichkeit, rechtzeitig und wirksam Feldaktionen wie z. B. Rückrufe einzuleiten, indem das Produkt z. B. eine Meldung an die betroffenen Nutzer („Notification") ausgibt. Indem der Hersteller unmittelbar und zeitnah auf potenzielle Produktrisiken reagieren kann, ist es ihm grds. auch zuzumuten, diese so ausgerüsteten Produkte vergleichsweise engmaschig zu beobachten; denn dies ermöglicht ihm die direkte Reaktion im Fehlerfall und damit die Abwendung von relevanten (Personen- und/oder Sachschäden).

6.1.3 Grundsätze der Datenauswertung

Im Ergebnis ist zwischen den folgenden Fallgruppen bei der Datenauswertung zu unterscheiden: Zunächst sollten jene Daten zur Produktbeobachtung genutzt werden, die bereits zu Vertriebs- und Marketingzwecken erfasst und ausgewertet werden.[1] Weil der Wirtschaftsakteur diese Daten ohnehin erhebt, bestehen weder finanzielle noch technische Hürden, diese Daten auch für die Produktbeobachtung systematisch auszuwerten. Voraussetzung ist zusätzlich, dass die konkreten Daten im Zusammenhang mit einer möglichen Beeinträchtigung der produktimmanenten Sicherheitseigenschaften stehen. Sodann sollten auch die Daten für die Produktbeobachtung verwendet werden, die zwar noch nicht zu anderen Zwecken gesammelt wurden, die aber ohne erheblichen finanziellen und technischen Aufwand erhoben werden können, wenn und soweit ein konkreter sicherheitsrelevanter Anlass besteht.[2] Wird dem Hersteller bspw. bekannt, dass ein konkretes oder potenzielles Risiko von seinen im Feld befindlichen Produkten ausgeht, sollte er (Sensorik-)Daten, die Informationen über just dieses Risiko enthalten können, erstmals zur Produktbeobachtung für diesen konkreten Fall erheben und auslesen. Besteht ein solch konkreter Anlass hingegen nicht, ist der Hersteller juristisch richtigerweise nicht verpflichtet, Daten erstmalig zum Zwecke der Produktbeobachtung zu erheben oder technisch zu generieren. M.a.W. muss er etwa keine maßgeschneiderte Sensorik für diesen Zweck einbauen.[3]

6.1.3.1 Keine Relevanz der Unterscheidung fremder und eigener Daten

Es ist nicht relevant, ob es sich bei den Daten um selbstgenerierte, d. h. eigene Daten (sog. Pull-Situation), oder um „fremde" Daten

---

[1] *Sassenberg/Faber*, Rechtshandbuch Industrie 4.0 und Internet of Things, 2. Aufl. 2020, § 4 Rn. 23.
[2] *Piovano* in *Bialek*, Praxisratgeber Maschinensicherheit, 2022, Abschn. 2.12.5.
[3] *Piovano* in *Bialek*, Praxisratgeber Maschinensicherheit, 2022, Abschn. 2.12.5.

Dritter (sog. Push-Situation) handelt, die zur Produktbeobachtung erhoben und ausgewertet werden. Im Ergebnis ist darauf abzustellen, ob ein Datum mit einer sicherheitsrelevanten Information in den Herrschaftsbereich des Produktherstellers gelangt und dieser das Datum rechtmäßig verwenden darf.

6.1.3.1.1 Selbstständiger Datenbezug des Produkts („Pull-Modell")

Bei einem Pull-Modell holt sich der Datenempfänger die Informationen dann, wenn er sie benötigt. Der Begriff „Datenempfänger" ist technisch zu verstehen und kann daher bspw. auch ein smartes Produkt sein, das von einem Zubehörgerät, etwa einer Sensorik, Daten zu empfangen bereit ist. Der Empfänger meldet sich dazu zunächst beim Datenlieferanten an. Der Lieferant (das Zubehörgerät) benachrichtigt den Empfänger anschließend nur über das Vorliegen neuer Informationen. Hierbei bezieht folglich das smarte Produkt selbstständig Daten und trifft hierauf basierend Entscheidungen oder gibt diese Daten an den Nutzer weiter. In diesem Szenario ist an eine Haftung des Herstellers des Datenempfängers nach § 823 Abs. 1 BGB zu denken, wenn sich das smarte Produkt aufgrund eines fehlerhaften Algorithmus ein Datum zieht, das zu einem Schaden führt. Zu denken ist bspw. daran, dass sich eine Stanze einen Abstandswert einer falschen Sensorik zieht und dadurch bei dem nächsten Stanzvorgang einen zu hohen Druck einsetzt, wodurch die Stanze selbst und das Stanzgut beschädigt werden. Die Produktbeobachtungspflicht des Herstellers führt dazu, dass dieser Routinen schaffen sollte, wonach potenziell fehlerhafte Daten im Zusammenspiel mit dem Produkt überprüft und ggf. nicht verwendet werden.[4]

6.1.3.1.2 Externe Daten werden eingespeist („Push-Modell")

Beim Push-Modell überwacht hingegen der Datenlieferant die Daten. Der Datenlieferant ist – um im oben beschriebenen Beispiel zu

---

[4] *Piovano* in Bialek, Praxisratgeber Maschinensicherheit, 2022, Abschn. 2.12.5.

bleiben – ein Zubehörgerät wie z. B. eine Sensorik, das selbstständig Daten an ein smartes Produkt sendet. Erkennt der Datenlieferant Änderungen (bspw. der Sensordaten), sendet er die geänderten Werte an den Datenempfänger, also an das smarte Produkt. Der Empfänger verhält sich folglich passiv und „wartet" lediglich auf neue Daten. M.a.W. wird das smarte Produkt mit Daten von einer externen Person oder von einem anderen Produkt gespeist. Die Frage danach, ob eine Produkthaftung für den Hersteller des Datenempfängers (des smarten Produkts) entstehen kann, der durch die fehlerhaften – externen – Daten einen Schaden verursacht (hat), kann sich nach den Grundsätzen der sog. Zubehörhaftung des BGH[5] richten; denn die fremden Daten können wie Zubehör angesehen werden, die mit dem (Haupt-)Produkt verbunden werden und mit ihm interagieren sollen. Nach der BGH-Rechtsprechung kann sich die herstellerseitige Produktbeobachtungspflicht auf fremdhergestellte Kombinations- und Zubehörprodukte erstrecken, wenn und soweit diese der Nutzung des Hauptprodukts dienen und diesem nicht beigefügt sind (s. zur Übertragung auf die Zubehörhaftung bei Software Abschn. 5.1.2).[6] Diese Grundsätze können sich auf die Produktbeobachtungspflicht des Herstellers mit Blick auf die mit dessen Produkt verwendeten fremden Daten von Dritten übertragen lassen.[7] Daten sind kein Stand alone-Produkt, sondern benötigen eine Software und/oder eine Hardware, um eine Funktion auszuüben. Dabei erfüllen sie nicht die Hauptfunktion der Hardware, sondern dienen lediglich seiner Hauptfunktion. Dies ist vergleichbar mit einem Zubehörteil, das als Stand alone-Produkt typischerweise keinen Nutzen hat, sondern vielmehr erst im Zusammenspiel mit dem Hauptprodukt eine Funktion erfüllt.

Sofern der Hersteller den Einsatz von Daten Dritter in seinem Produkt ausdrücklich ermöglicht, sollte er die als „Zubehör" zu verstehenden Daten im Zusammenspiel mit seinem Produkt auf Ihre Validität und Sicherheit hin beobachten und überprüfen, sofern dies möglich

---

[5] So auch für den Fahrzeugbereich *Schrader,* NZV 2018, 489 (492).
[6] *Foerste* in *ders./Graf von Westphalen,* Produkthaftungshandbuch, 3. Aufl. 2012, § 25 Rn. 169 f.
[7] So auch für den Fahrzeugbereich *Schrader,* NZV 2018, 489 (492).

ist. Der Produkthersteller hat grundsätzlich dafür zu sorgen, dass nur Daten in das smarte Produkt eingespeist und verwendet werden, die zu keinem Fehler im Produkt und damit zu keinem Sicherheitsrisiko führen können. Dies kann er durch technische Überprüfungen bzw. durch Methoden der funktionalen Sicherheit und ggf. durch flankierende vertragliche Vereinbarungen erreichen. Dabei müssen allerdings nicht alle möglichen Kombinationsmöglichkeiten auf ihre Sicherheit hin überprüft werden, sondern nur diejenigen, die naheliegend und zumutbar sind. Eine intensivere Prüfung ist jedoch für solche Daten zu fordern, die eine höhere Gefahr für Leben, Körper und Gesundheit verursachen können.[8]

Sofern ein Schaden durch die Daten eines Dritten entsteht, kann jedoch nicht nur der Produkthersteller aufgrund der Verletzung der ihm obliegenden Produktbeobachtungspflicht haften, sondern auch der Dritte, dessen Daten den Schaden (mit-)verursacht haben. Die Haftung richtet sich zumindest nach den oben dargestellten Maßstäben im Rahmen des § 823 Abs. 1 BGB: Der Zulieferer der Daten muss im Rahmen seiner eigenen Sorgfaltspflichten gemäß § 823 Abs. 1 BGB sicherstellen, dass nur Daten geliefert werden, die zu keinem Schaden (andernorts, d. h. ganz konkret beim Produktnutzer oder einem unbeteiligten Dritten, ausnahmsweise auch beim smarten Produkt selbst) führen. Im Regelfall des Schadens beim Produktnutzer wird der Produkthersteller einen Regress gegen den Datenlieferanten nach den §§ 840, 421 ff. BGB geltend machen können. Sofern ein beiderseitiges Verursachen und Verschulden in Frage steht, wird an eine Teilung der Haftungsbeiträge zu denken sein.

> **Praxishinweis**
>
> In der Praxis ist daher eine enge Abstimmung zwischen Produkthersteller und Datenzulieferer empfehlenswert. Es bietet sich bspw. an, über vertragliche Schnittstellenvereinbarungen zu regeln, welche Daten wie geprüft werden können bzw. müssen und welchen Daten ggf. ohne Prüfung vertraut werden kann.

---

[8] *Droste*, CCZ 2015, 105 (107).

6.2 Produktbeobachtung und Haftung für Social Media-Inhalte

Das Internet im Allgemeinen und die sog. Social Media im Besonderen versetzen die Hersteller in die Lage, regelmäßig mit ihren Kunden zu kommunizieren. Mithilfe dieser Instrumente können die Hersteller mehr über die Art und Weise erfahren, wie ihre Produkte von den Kunden (ggf. mitunter leider auch fehlerhaft) benutzt werden. Diese Interaktion ermöglicht es zudem ganz generell, dass zum einen Unternehmen Informationen an ihre Kunden senden; und zum anderen, dass wiederum die Kunden andere Kunden bzw. Produktnutzer über das Produkt und seine Verwendung informieren. Ferner können Hersteller die Art und Häufigkeit von sicherheitsrelevanten Produktproblemen nach dem Inverkehrbringen feststellen, die zu Verletzungen oder Schäden führen können oder bereits geführt haben.[9] Diese neuen Kommunikationskanäle zwischen Herstellern und Produktverwendern nach der Inverkehrgabe von Produkten hat naturgemäß einen direkten Einfluss auf die Maßnahmen im Rahmen der Produktbeobachtung.

Der Begriff „Social Media" wird im Übrigen stets konturenloser. Heute werden darunter zahlreiche Formen wie namentlich Blogs, (soziale) (Unternehmens-)Netzwerke, Foren, Mikroblogs, Produkt-/Dienstleistungsbewertungen, Video-Sharing und virtuelle Welten wie das Meta-Universe verstanden. Dazu gehören auch Websites wie Twitter, Pinterest, Facebook, LinkedIn, Tumblr, Instagram oder Snapchat. Das Potenzial für die Interaktion zwischen Menschen (Verbraucher oder professionelle Verwender) und Unternehmen mit Hilfe von Social-Media-Tools ist nahezu unbegrenzt. In diesem Zusammenhang stellt sich die Frage, in welchem Ausmaß und mit welchen Methoden die digitalisierten Kommunikationsmittel im Rahmen der Produktbeobachtungspflicht genutzt bzw. ausgewertet werden sollten.

---

[9] Zu beachten ist, dass auch die Kunden auf diese Weise problemlos mit all jenen Behörden weltweit kommunizieren können, die sich mit der (Produkt-)Sicherheit befassen.

6 Produktbeobachtung und Haftung bei Datenkenntnis und im ...

Zunächst ist zu unterscheiden, ob es sich um Produktinformationen handelt, die vom Hersteller selbst oder Dritten (bspw. Bestandskunden oder Influencern) veröffentlicht werden und zu einer gefährlichen Verwendung des Produkts bzw. zu seiner nicht bestimmungsgemäßen Verwendung führen können oder ob es sich um Kundenrückmeldungen handelt, die über bereits eingetretene Produktgefahren berichten. Weiter ist danach zu differenzieren, ob die Produktinformationen auf (hersteller-)eigenen Social-Media-Kanälen bzw. bewusst in Gestalt des sog. Influencer-Marketings über deren Drittkanäle veröffentlicht werden oder ob die Informationen in (für den Hersteller) nicht beherrschbaren sonstigen Social-Media-Kanälen zugänglich gemacht werden. Die jeweiligen Konstellationen werden anhand des folgenden Praxisbeispiels näher erläutert.

> **Beispiel**
>
> Ein Hersteller von elektrisch fahrenden Skateboards (sog. Hoverboards) zeigt auf seinem eigenen youtube-Kanal und auf Influencer-Kanälen, wie das Hoverboard von einer Person ohne die vorgeschriebene persönlichen Schutzausrüstung (PSA), also Helm, Knie- und Ellenbogenschoner, genutzt wird. Die Verwendung von PSA ist in der korrekt beiliegenden Bedienungsanleitung indes ordnungsgemäß beschrieben. In dem von Dritten betriebenen Hobby-Forum „hoverboard-freunde.de" posten Kunden ebenfalls regelmäßig Bilder, die eine Verwendung des Hoverboards ohne persönliche Schutzausrüstung zeigen.
> Des Weiteren wird in dem Forum „hoverboard-freunde.de" darüber berichtet, dass sich der Akku des Hoverboards plötzlich und unbeaufsichtigt beim Ladevorgang entzünden kann.

6.2.1 Irreführende (Werbe-)Aussagen

Zunächst wird die Konstellation betrachtet, in der in (hersteller-)eigenen Social-Media-Kanälen und/oder auf der Website des Herstellers Informationen geteilt werden, die eine unsichere Verwendung des Produkts nahelegen bzw. präsentieren. Es handelt sich folglich um jenen Teil des obigen Praxisbeispiels, in dem die Verwendung des

Hoverboards ohne persönliche Schutzausrüstung auf dem herstellereigenen youtube-Kanal gezeigt wird.

6.2.1.1 Selbst generierter Content auf eigenen Social-Media-Kanälen.

Informationen bzw. Aussagen des Herstellers eines Produkts auf eigenen oder von ihm beherrschten Social-Media-Kanälen, die eine fehlerhafte bzw. gar unsichere Verwendung des Produkts propagieren oder intendieren, können ohne Weiteres zu einer (Produkt- bzw. Produzenten-)Haftung des Herstellers führen. Die Informationen auf den entsprechenden Kanälen sind daher sorgsam auch und gerade nach dem Inverkehrbringen des Produkts zu beobachten.

Durch die irreführende Bewerbung auf der Website des Herstellers, wonach das Hoverboard ohne PSA verwendet werden kann, könnte das Hoverboard als fehlerhaft i.S.d. § 3 Abs. 1 ProdHaftG angesehen werden und somit insbesondere zu einem Schadensersatzanspruch gegen den Hersteller führen, wenn ein Verwender bei einem Unfall mit dem Hoverboard aufgrund fehlender persönlicher Schutzausrüstung verletzt wird. Ein Schadensersatzanspruch könnte daneben auf die Verletzung der Instruktionspflicht aus § 823 Abs. 1 BGB gestützt werden.

Ein Produktfehler wird im Rahmen der Produkthaftung – anders als im Vertragsrecht – objektiv bestimmt und liegt dann vor, wenn das Produkt nicht die Sicherheit bietet, die berechtigterweise vom Adressatenkreis angenommen werden darf. Bei der Bestimmung dieser Sicherheitserwartung spielt die Darbietung des Produkts eine maßgebliche Rolle (vgl. § 3 Abs. 1 Buchst. b ProdHaftG). Diese Darbietung, die auch Werbeaussagen umfasst, ist entscheidend für die Bestimmung der objektiven Sicherheitserwartung des Verkehrskreises im Rahmen der Produkthaftung. Wenn und soweit sie in concreto enttäuscht wird, ist davon auszugehen, dass das Produkt fehlerhaft ist. In diesem Fall liegt entsprechend auch eine relevante Verletzung der

Konstruktions-, Fabrikations- oder Instruktionspflicht gemäß § 823 Abs. 1 BGB und damit im Rahmen der Produzentenhaftung vor.[10]

Wirbt der Hersteller also damit, dass das Hoverboard ohne persönliche Schutzausrüstung verwendet werden kann, kann dies beim Nutzer den falschen Eindruck erwecken, ein solches Vorgehen sei harmlos und ungefährlich. Da die Verwendung des Hoverboards ohne PSA tatsächlich jedoch sehr wohl gefährlich sein kann (so ja auch die Instruktionen in der Bedienungsanleitung), wird das Produkt durch die in Rede stehende Darstellung auf dem eigenen YouTube-Kanal fehlerhaft i.S.d. § 3 Abs. 1 ProdHaftG (parallel kommt es zur Verletzung der Instruktionspflicht gemäß § 823 Abs. 1 BGB).

In diesem Zusammenhang ist es übrigens unerheblich, dass die Bedienungsanleitung ausdrücklich die Nutzung von persönlicher Schutzausrüstung vorschreibt. Durch die Angaben in der Anleitung wird die Darstellung im Rahmen des Social-Media-Contents nicht etwa „aufgehoben" oder „neutralisiert". Vielmehr können die Angaben in der Anleitung ohne Weiteres überlagert werden; jedenfalls stehen die unterschiedlichen Informationen im Widerspruch zueinander. Vor diesem Hintergrund kann sich ein Nutzer ohne Weiteres auf die (vermeintlich neueren/moderneren) Inhalte aus den Social Media verlassen, sodass die juristisch relevante Kausalität für den Fall eines Personenschadens kaum in Abrede gestellt werden kann. Zudem kann die Existenz von herstellereigenen Social Media-Inhalten in Bezug auf die Nutzung des Produkts dazu führen, dass der Nutzer die Bedienungsanleitung gar nicht mehr zur Kenntnis nimmt, wenn und weil er meint, bereits umfassend über das Produkt informiert worden zu sein.

Die Inhalte der herstellereigenen Social-Media-Kanäle können folglich im Zusammenhang mit einem Instruktionsfehler bzw. der Verletzung der Instruktionspflicht zu einer Haftung des Herstellers führen. Im Rahmen der Produktbeobachtungspflicht sind solche Inhalte auf

---

[10] Zum Gleichlauf zwischen Produkt- und Produzentenhaftung in diesem wichtigen Bereich BGH, NJW 2009, 2952 (2953).

den betreffenden Kanälen daher stetig auf inhaltliche Richtigkeit, Verständlichkeit und Angemessenheit zu überprüfen.

6.2.1.2 Influencer-Werbung

Die gleichen Maßstäbe gelten für die Werbeaussagen eines vom Hersteller beauftragten Influencers (sog. nutzergenerierter Content). Die von einem Influencer getroffenen Aussagen hat sich der diesen beauftragende Hersteller vollumfänglich zurechnen zu lassen.[11] Der Hersteller steuert in diesem Zusammenhang die Aussagen über sein Produkt. Es kann daher richtigerweise keinen Unterschied machen, ob eine produktbezogene Aussage von ihm selbst stammt oder ob er einen Influencer als Intermediär dazwischenschaltet.

Der Hersteller ist folglich dazu angehalten, im Rahmen seiner Produktbeobachtungspflicht regelmäßig zu überprüfen, wie er sein Produkt auf seiner Website und seinen Social-Media-Kanälen darstellt oder im Rahmen von Influencer-Marketing darstellen lässt. Kurzum: Nicht nur das Produkt an sich, sondern auch produktbezogene Werbe- und Marketingmaßnahmen sind Gegenstand der Produktbeobachtungspflicht. Hierfür ist eine enge Abstimmung im Unternehmen zwischen PR- bzw. Kommunikations-/Marketingabteilung einerseits und der Konstruktionsabteilung andererseits unerlässlich.

Zu denken ist etwa daran, wie schnell ein Bild auf Instagram gepostet werden könnte, auf dem eine Person das Hoverboard aus ästhetischen Gründen ohne persönliche Schutzausrüstung nutzt. Auf den ersten Blick kann dieses Bild zwar für Werbezwecke hervorragend geeignet sein. Bei einer eingehenderen Analyse kann es aber eben auch relevante Haftungsrisiken eröffnen. Um diese Risiken zu identifizieren, sollte bei der Bewertung der entsprechenden Inhalte nicht zuletzt eine produktrechtliche Perspektive eingenommen werden.

---

[11] *Graf von Westfalen* in *Foerste/Graf von Westphalen*, Produkthaftungshandbuch, 3. Aufl. 2012, § 48 Rn. 48.

6.2.1.3 Exkurs: Gewährleistungshaftung des Verkäufers für Herstellerangaben

Irreführende werbliche Aussagen des Herstellers können außerdem einen Sachmangel begründen und zur Gewährleistung des jeweiligen Verkäufers führen. Im Rahmen der kaufrechtlichen Gewährleistung können werbende Aussagen des Herstellers die Beschaffenheit der Eignung zur gewöhnlichen Verwendung der Kaufsache um Eigenschaften erweitern, die an sich nicht zu einer derartigen Beschaffenheit gehören.[12]

Nach dem mit Wirkung vom 01.01.2022 reformierten Gewährleistungsrecht[13] ist eine Sache frei von Sachmängeln gemäß § 434 Abs. 1 BGB, wenn sie – kumulativ – mit den subjektiven Anforderungen, den objektiven Anforderungen und den Montageanforderungen übereinstimmt. Abweichend vom früherem Kaufrecht kann die Sache daher auch dann mangelhaft sein, wenn sie zwar der vereinbarten Beschaffenheit (also den subjektiven Anforderungen), nicht aber der objektiven Beschaffenheit entspricht. Die Sache erfüllt die objektiven Anforderungen, wenn sie sich insbesondere für die gewöhnliche Verwendung eignet und eine Beschaffenheit aufweist, die bei Sachen derselben Art üblich ist und die der Käufer nach der Art der Sache und den öffentlichen Äußerungen von Unternehmen der Vertragskette erwarten kann (§ 434 Abs. 3 S. 1 Nrn. 1, 2 BGB).[14] Folglich spielen bei der Beantwortung der Frage, was produktüblich ist, u.a die öffentlichen Äußerungen des Verkäufers oder Händlers zum Produkt in der Werbung oder auf dem Etikett eine Rolle und zwar unabhängig davon, ob der Hersteller selbst der Verkäufer der Ware ist oder nicht. Für die objektiven Anforderungen relevante Beschaffenheitsmerkmale können neben Menge und Qualität auch die Haltbarkeit, Funktionalität, Kompatibilität und Sicherheit sein (§ 434 Abs. 3 S. 2 BGB).

---

[12] OLG München NJW-RR 2013, 1526 (1527).

[13] Die Aktualisierung geht auf die nationale Umsetzung der europäischen Warenkaufrichtlinie (Richtlinie (EU) 2019/771) zurück.

[14] *Schrader*, JA 2022, 1 (5).

Wenn und soweit der Sache in der Werbung, d. h. in einer öffentlichen Aussage, eine bestimmte Eigenschaft attestiert wird, die auf ihren gewöhnlichen Verwendungszweck schließen lässt und die nicht Teil eines Werturteils oder einer reinen Anpreisung ist, so muss der Verkäufer sich daran in Bezug auf die Produktüblichkeit bzw. (objektive) Beschaffenheit festhalten lassen. Daher können Werbeaussagen des Herstellers oder des vom Hersteller beauftragten Influencers dazu führen, dass der Käufer der Sache eine bestimmte Eigenschaft beimisst, welche die Sache tatsächlich gar nicht hat. Die werblich suggerierten Eigenschaften des Produkts würden folglich nicht der Ist-Beschaffenheit des Produkts entsprechen. In diesem Fall kann ein Mangel i.S.v. § 434 Abs. 1 BGB angenommen werden. Entsteht dem Käufer durch diesen Mangel kausal ein Schaden, könnte er unter den Voraussetzungen des § 437 Nr. 3 i.V.m. den §§ 280 ff. BGB Schadensersatz vom Verkäufer verlangen. Falls der Verkäufer nicht der Hersteller selbst ist, kann er den Anspruch nach § 445a BGB an den Hersteller durchreichen.

Eine wesentliche Modernisierung erfuhr das nationale Kaufrecht Anfang 2022 insbesondere im Bereich der Produkte mit digitalen Funktionen. Dabei gelten die §§ 327-327 s BGB nur für Verbraucherverträge (§ 327 Abs. 1 S. 1 BGB). Die Systematik der Gewährleistung des Unternehmers für Mängel digitaler Produkte wurde strukturell der kaufrechtlichen Sachmangelgewährleistung nachempfunden. Gemäß § 327e Abs. 1 S. 1 BGB ist das digitale Produkt frei von Mängeln, wenn es den subjektiven und objektiven Anforderungen sowie den Anforderungen an die Integration entspricht. Subjektive Anforderungen ergeben sich in erster Linie aus der vertraglichen Vereinbarung und beziehen sich vor allem auf die Funktionalität, die Kompatibilität und die Interoperabilität der digitalen Produkte (§ 327e Abs. 2 S. 1 BGB). Diese zentralen Begriffe werden in § 327e Abs. 2 S. 2–4 BGB näher definiert. Was sodann die objektiven Anforderungen anbelangt, muss sich ein digitales Produkt gemäß § 327 Abs. 3 S. 1 BGB vor allem für die gewöhnliche Verwendung eignen und eine Beschaffenheit aufweisen, die bei digitalen Produkten derselben Art üblich ist und die der Verbraucher unter Berücksichtigung der Art des digitalen Produkts erwarten kann. Dabei werden neben den o.g. drei Kriterien ausdrücklich die Kontinuität und Sicherheit genannt. Auch bei digitalen Produkten wird die objektive Beschaffenheit durch Aussagen von Unternehmen der Vertriebskette (z. B. in der Werbung oder auf dem Etikett) beeinflusst (§ 327e Abs. 3 S. 2 BGB).[15] Die Anforderungen an die Integration sind schließlich in § 327e Abs. 4 BGB näher geregelt. Im Wesentlichen ist eine funktionierende Installation in der Umgebung des Verbrauchers (Software und Hardware-Komponenten) geschuldet, sodass die Funktionen des digitalen Produkts realisiert werden können.

> **Praxishinweis**
>
> Produktaussagen in virtuellen Realitäten können dem Hersteller ebenfalls zugerechnet werden. Wirbt der Hersteller in seinem virtuellen Store im Metaverse bspw. damit, dass das Hoverboard gänzlich geräuschlos ist, und gibt keinen Hinweis darauf, dass diese Aussage lediglich für das virtuelle bzw. digitale Hoverboard im Metaverse gilt, könnte diese Aussage bei verständiger Würdigung der Umstände auf das Hoverboard in der Realität erstreckt werden. Freilich spricht gegen eine solche Ausdehnung der Produktaussage der Sachzusammenhang der Werbeaussage im virtuellen Store. Jedenfalls sollten Produktaussagen in virtuellen Realitäten mit gebotener Vorsicht getroffen werden.

6.2.1.4 Posts von Dritten auf eigenen Social-Media-Kanälen

Neben der (auf eigene Initiative zurückgehenden) Influencer-Werbung ist auch sonstiger nutzergenerierter Content über die eigenen Produkte zu berücksichtigen. Posten etwa Nutzer auf den herstellereigenen Social-Media-Kanälen Inhalte, die eine fehlerhafte bzw. gefährliche Verwendung des Produkts zeigen, kann eine vergleichbare Situation wie beim Influencer-Marketing entstehen. Die Posts und damit die Inhalte der dritten Personen könnten dem Hersteller zugerechnet werden, wenn dieser die Posts mit den irreführenden Inhalten ent-

---

[15] *Schrader*, JA 2022, 1 (3).

weder nicht proaktiv löscht oder durch entsprechende Kommentierung sogar noch unterstützt. Diese fremden Inhalte könnten dann als vom Hersteller stillschweigend akzeptiert betrachtet werden. Bspw. könnten Nutzer im Rahmen eines vom Hersteller ausgeschriebenen Wettbewerbs verschiedene Bilder von sich und dem Hoverboard bei Freizeitausflügen ohne persönliche Schutzausrüstung zeigen. Unterlässt der Hersteller im Rahmen seiner Produktbeobachtung die Löschung oder jedenfalls richtigstellende Kommentierung dieser Inhalte, kommt eine Zurechnung ohne Weiteres in Betracht. Folgerichtig ist die Haftung aufgrund einer fehlerhaften Instruktion („keine Verwendung von PSA notwendig") denkbar. Für die unternehmensinterne PR- bzw. Kommunikations-/Marketingabteilung stellt diese Aufgabe erfahrungsgemäß eine besondere Herausforderung dar, da das Löschen von nutzergeneriertem Content bekanntlich nicht selten Fragen in der „Community" aufwirft und zu negativen Reaktionen führen kann. Es empfiehlt sich daher, im Rahmen des Produktentstehungsprozesses gemeinsam mit der PR- bzw. Kommunikationsabteilung eine entsprechende Social Media-Strategie zu entwickeln, die nicht zuletzt die Anforderungen an eine ordnungsgemäße Produktbeobachtung erfüllt.

> **Praxishinweis**
> Um das Risiko für eine Haftung aufgrund von irreführenden Inhalten zu vermeiden bzw. jedenfalls zu reduzieren und minimieren, bieten sich die nachfolgenden Maßnahmen und Strategien an.
> Erstens gilt die alte Weisheit: „Sage, was du meinst" und „Meine, was du sagst". Zahlreiche Probleme werden durch unklare, nicht belegte oder schlicht falsche Aussagen verursacht, die auf unklarem oder falschem Denken beruhen. Wenn Sie versprechen wollen, dass das Produkt eine bestimmte Leistung erbringen wird, dann müssen Sie (übrigens auch aus wettbewerbsrechtlichen Gründen) sicher sein, dass es diese Leistung auch erbringen kann. Daher lautet die erste Regel: Wenn Sie etwas klar und deutlich sagen oder versprechen, das entweder für die Kaufentscheidung des Käufers oder für die sichere Verwendung des Produkts wesentlich ist, sollte es unmissverständlich und korrekt sein. Die zweite Regel ist, dass das Marketing- und Werbepersonal regelmäßig mit dem Verkaufspersonal und den Ingenieuren sprechen sollte, damit sämtliche Angaben über das Produkt inhaltlich richtig, verständlich und angemessen sind.

Des Weiteren sollten die folgenden Punkte beachtet werden:

- Unsichere Verwendungen des Produkts sollten nicht gezeigt werden, es sei denn, es wird deutlich darauf hingewiesen, dass sie allein Demonstrationszwecken dienen (z. B. das Entfernen von Schutzvorrichtungen von Geräten zur besseren Veranschaulichung).
- Unbeteiligte Dritte (sog. innocent bystander) sollten an einem sicheren Ort oder in einem sicheren Abstand zum Produkt gezeigt werden.
- Zeigen Sie das Produkt mit allen Schutzvorrichtungen und Warnhinweisen.
- Alle Leistungsangaben sollten mit den Konstruktionsspezifikationen übereinstimmen.
- Wenn das Produkt abgebildet wird, sollte es stets in einer bestimmungsgemäßen und sicheren Verwendung gezeigt werden.
- Die Person, die das Produkt verwendet, sollte erforderlichenfalls eine persönliche Schutzausrüstung tragen.

6.2.1.5 Externe Social-Media-Kanäle

Die Produktnutzer posten (irreführende) Inhalte jedoch nicht nur auf den herstellereigenen, sondern auch in von Dritten beherrschten Social-Media-Kanälen. Dabei kann es sich um Foren oder auch um private (eigene) Social-Media-Kanäle handeln. So können die Nutzer des Hoverboards aus dem o.g. Beispiel Erfahrungen und Bilder z. B. ihrer Freizeitaktivitäten mit dem Hoverboard ohne persönliche Schutzausrüstung auch in das Hobby-Forum „hoverboard-freunde.de" posten, das von einer dritten (unbekannten) Person betrieben wird.

Ob solche Foren vom Hersteller ebenfalls geprüft werden müssen und ggf. Löschungsanträge oder korrigierende Foreneinträge gepostet werden sollten, hängt vom jeweiligen Einzelfall ab. Hierbei ist in Erinnerung zu rufen, dass es – nach den allgemeinen Regeln der Verkehrssicherungspflichten – eine (wirtschaftliche) Zumutbarkeitsgrenze für Hersteller im Rahmen der Produktbeobachtung gibt (s. Abschn. 4.3.2.2). So muss ein Hersteller nicht alles ihm Mögliche tun, um im After-Sales-Bereich Informationen über sein Produkt zu erhalten. Folgende Unterscheidung bietet sich an: Handelt es sich um ein sehr bekanntes und großes Hobbyforum in der jeweiligen Branche bzw. Industrie, so kann durchaus angenommen werden, dass der Hersteller regelmäßig die Foreneinträge auf sein Produkt hin überprüfen sollte.[16] Verzichtet er darauf, obwohl dort eine fehlerhafte oder gar unsichere Anwendung seines Produkts vorgestellt und propagiert wird, muss er damit rechnen, dass ihm die Inhalte zugerechnet werden. Handelt es sich hingegen lediglich um ein „Liebhaberhobby-Forum", dürfte sein Screening wohl überobligatorisch sein. Dem Hersteller ist es jedenfalls nicht zuzumuten, sämtlich Foren und Social-Media-Kanäle zu überprüfen, in denen sein Produkt (potenziell) genannt wird. Die Zumutbarkeitsgrenze wird auch unter Beachtung der Branchenüblichkeit zu ziehen sein, also etwa bei der Frage, ob den beteiligten (Verkehrs-)Kreisen das Forum oder der Social-Media-Kanal bekannt ist bzw. sein sollte. Darüber hinaus sind die Ressourcen des betroffenen Herstellers angemessen zu berücksichtigen: Handelt es sich um ein vergleichsweise kleines Unternehmen mit nur wenigen Beschäftigten, kann dem Hersteller eine umfassende Prüfung der Internet-Foren kaum zugemutet werden.

> **Praxishinweis**
>
> Jeder Hersteller sollte erwägen, überall dort, wo irreführende Inhalte über das eigene Produkt entdeckt werden, einen Kommentar zu veröffentlichen, in dem er darauf hinweist, dass die gezeigte Verwendung eine inakzeptable Nutzung bzw. ggf. sogar eine Gefahr für die Verwender bzw. Verbraucher darstellt.

6.2.1.6 Vorhersehbare Fehlanwendung

Posts von irreführenden Inhalten auf externen Social-Media-Kanälen und Foren können sich für die Hersteller auch in anderer Hinsicht als problematisch erweisen; denn sie werfen die Frage auf, ob die Inhalte Beispiele für eine vorhersehbare Fehlanwendung darstellen, die zur Vermeidung eines Konstruktions- bzw. Instruktionsfehlers i.S.d. § 3 Abs. 1

---

[16] *Gauger/Hartmannsberger*, NJW 2014, 1137 (1140).

ProdHaftG bzw. im Rahmen der Konstruktions- und Instruktionspflicht des Herstellers gemäß § 823 Abs. 1 BGB Berücksichtigung finden sollten.

Im Rahmen der konstruktiven Sicherheit ist nicht nur die bestimmungsgemäße Verwendung (intended use), sondern auch die vernünftigerweise vorhersehbare Fehlanwendung (misuse) zu beachten. Letzterenfalls besteht freilich kein klarer Vorrang der Konstruktion vor der Instruktion.[17] M.a.W. wird eine strikte Reduzierung der haftungsrechtlichen Verantwortung auf eine Verwendung ausschließlich nach der „Produktwidmung" als nicht ausreichend angesehen. Vielmehr soll der Hersteller (teilweise) auch Verhaltensweisen außerhalb der bestimmungsgemäßen Verwendung in seine technischen Konstruktionsüberlegungen und ggf. die technische Redaktion einbeziehen. Allerdings geht auch diese Verantwortung nur bis an die Grenze der eben noch vernünftigerweise vorhersehbaren Fehlanwendung.[18] Ein vorsätzlicher Missbrauch (abuse) liegt richtigerweise nicht mehr im Verantwortungsbereich des Herstellers.[19] Dabei kann eine Fehlanwendung bereits dann als vorhersehbar angesehen werden, wenn sie nach der Eigenart des Produkts besonders nahe liegt und bei den schon im Feld befindlichen Waren des Öfteren beobachtet werden konnte.[20] Erkenntnisse, die im Rahmen der Produktbeobachtung über eine Fehlanwendung gewonnen werden, sind daher im Zuge der Konstruktion des (Nachfolger-)Produkts oder bei der Abfassung der Gebrauchsanleitungen und Sicherheitsinformationen zu berücksichtigen.

---

[17] A.A. MüKoBGB/*Wagner*, 8. Aufl. 2020, § 823 Rn. 973, 981; s. auch *Foerste* in *ders./Graf von Westphalen*, Produkthaftungshandbuch, 3. Aufl. 2012, § 24 Rn. 127, wonach die Instruktion in diesem Szenario nur bei fernliegendem bzw. seltenem Fehlgebrauch in Betracht komme.
[18] Zum Ganzen *Bräutigam/Klindt*, NJW 2015, 1137 (1142); vgl. auch Grüneberg/*Sprau*, BGB, 82. Aufl. 2023, § 3 ProdHaftG Rn. 6.
[19] BGH, NJW 1981, 2514 (2514).
[20] *Foerste*, in: *ders./Graf von Westphalen*, Produkthaftungshandbuch, 3. Aufl. 2012, § 24 Rn. 96.

6.2.2 Meldung von Produktproblemen

Die Verwender können die herstellereigenen Social-Media-Kanäle und Websites selbstredend nicht nur für positive, werbende Posts verwenden, sondern auch für Kritik bzw. die Schilderung von Produktproblemen. Außer auf diesen Kanälen können sich diese Informationen auch auf anderen Bewertungsportalen wie z. B. Amazon finden. Im o.g. Praxisbeispiel gibt es im Forum „hoverboard-freunde.de" Berichte über die Brandgefahr des Hoverboard-Akkus. Fraglich ist, inwieweit die Hersteller im Rahmen ihrer Produktbeobachtungspflicht entsprechende Posts über potenzielle Produktgefahren im Internet ausfindig machen und bewerten müssen.

Im Rahmen der passiven Produktbeobachtungspflicht ist seit Langem anerkannt, dass der Hersteller eingehende Produktbeschwerden im Rahmen der Produktbeobachtung zu prüfen hat. Dabei hat sich das sog. Beschwerde- oder Claim-Management traditionell auf Telefon, E-Mail und ggf. noch auf per Brief übermittelte Mitteilungen konzentriert. Angesichts der unüberschaubaren Anzahl an Social Media-Kanälen und Möglichkeiten, dort Produktprobleme zu posten, stellt sich unweigerlich die Frage, in welchem Ausmaß Internetquellen im Allgemeinen und Social Media-Kanäle im Besonderen auf mögliche Produktrisiken hin zu überprüfen sind. In diesem Zusammenhang ist daran zu erinnern, dass die Produktbeobachtungspflicht des Herstellers nicht grenzenlos ist. Vielmehr gilt es, im Einzelfall abzuwägen, ob ihm das Screening einer Plattform noch zumutbar ist. Hierbei ist zum einen die Bekanntheit und Reichweite der jeweiligen Plattform und zum anderen die Größe des Herstellers selbst zu berücksichtigen. Wenn das Produkt bspw. über Amazon verkauft wird, spricht vieles dafür, die Amazon-Kommentare zum Produkt sowie zu ähnlichen Produkten von Wettbewerbern zu überprüfen. Da es auf der Website von Amazon eine Fülle von Kommentaren gibt, muss in Rechnung gestellt werden, dass Verbraucher eher dort einen Kommentar posten als sich die Mühe zu machen, einen Hersteller direkt zu kontaktieren.

Ebenso verhält es sich mit den einschlägigen Social-Media-Kanälen wie z. B. Facebook, Instagram oder Twitter. Die Meldung eines

Produktproblems ist für die Produktnutzer buchstäblich nur noch einen Mausklick bzw. Fingerdruck auf dem Handy entfernt. Dass die Nutzer einfach zu bedienende Kommunikationsmittel verwenden, ist mittlerweile ebenso bekannt wie naheliegend. Aus diesem Grund sollten auch Inhalte auf solch populären Plattformen im Rahmen der passiven Produktbeobachtungspflicht überprüft werden. Die Engmaschigkeit bzw. Häufigkeit und Intensität der Überprüfung muss jedoch stets in einem angemessenen Verhältnis zu den potenziellen Produktgefahren und Ressourcen des entsprechenden Herstellers stehen.

> **Praxishinweis**
> Dass die Kommunikation im Internet bzw. auf Social-Media-Kanälen keine Einbahnstraße ist, dürfte bekannt sein. So eröffnen sich damit auch Chancen für die Hersteller, um etwa mehr über die potenziellen Produktprobleme zu erfahren. Ferner kann weitaus schneller, günstiger und zielgerichteter vor potenziellen Produktgefahren im Feld gewarnt werden. Hersteller sollten daher sehr frühzeitig entsprechende Strategien und ggf. sogar Templates für den Ernstfall vorbereiten.

6.3 Einbindung von Datenintermediären in die Produktbeobachtung

Abschließend wird der Rolle von sog. Datenintermediären im Rahmen der Produktbeobachtung nachgegangen. Im Anschluss an eine überblicksartige Darstellung des Wesens und der Funktion von Datenintermediären gilt es zu klären, ob Hersteller Datenintermediäre in die Produktbeobachtung einbinden können und ob Datenintermediäre eine eigene Produktbeobachtungspflicht trifft.

6.3.1 Wesen und Funktion der Datenintermediäre

Angesichts des wirtschaftlichen Werts von Daten und der zunehmenden Digitalisierung vollzieht die europäische Datenstrategie eine Fortentwicklung der Datenregulierung vom Datenschutz hin zur Datenwirtschaft.[21] Das Datenwirtschaftsrecht soll die rechtliche Grundlage für die Nutzbarmachung bestehender Datenbestände bilden und den Austausch sowie den Handel von (vornehmlich nicht-personenbezogenen) Daten fördern.[22]

Beim Bestreben, eine regulierte Datenwirtschaft zu etablieren, soll den Datenintermediären eine besondere Bedeutung zukommen. Ein einheitliches Modell bzw. Verständnis von der Rolle und den Funktionen von Datenintermediären besteht bislang noch nicht. Im Wesentlichen lassen sich zwei Erscheinungsformen festmachen: Datenmarktplätze und Datenplattformen. Auf Datenmarktplätzen können Dateninhaber ihre Daten potenziellen Datennutzern anbieten.[23] Datenplattformen in Gestalt von Datenpools oder Datenräumen wiederum gestatten den Teilnehmern eine gemeinsame Datennutzung, indem letztere eigene Daten zur Verfügung stellen und dafür den Zugang zu den Daten anderer Teilnehmer erhalten bzw. Daten mit anderen Teilnehmern gezielt austauschen.[24] Neben dieser Zweiteilung gibt es verschiedene Mischformen, die unterschiedliche Aufgaben und Funktionen wahrnehmen. Eine erste Regulierung von B2B-Datenintermediären hat Einzug in die Verordnung (EU) 2022/868 (sog. Data Governance Act) gehalten. In den Artt. 10 ff. VO (EU) 2022/868 wird die Tätigkeit von Datenvermittlungsdiensten geregelt. Vereinfacht dargestellt sind dies gemäß Art. 2 Nr. 11 VO (EU) 2022/868 Dienste, mit denen durch technische, rechtliche oder sonstige Mittel Geschäftsbeziehungen zwischen einer unbestimmten Anzahl von betroffenen Personen oder Dateninhabern einerseits und Datennutzern andererseits hergestellt werden sollen, um die gemeinsame Datennutzung zu ermöglichen.

Trotz des bisher fehlenden Konzepts zu den Datenintermediären wird ihnen übereinstimmend die Funktion als Schnittstelle zwischen

---

[21] *Tolks*, MMR 2022, 444.
[22] *Hennemann/Steinrötter*, NJW 2022, 1481; *Hennemann/Ditfurth*, NJW 2022, 1905.
[23] *Hennemann/Ditfurth*, NJW 2022, 1905, (1906).
[24] *Hennemann/Ditfurth*, NJW 2022, 1905, (1907).

Datenschutz und Datenwirtschaft zugeschrieben. Sie haben die Aufgabe, Daten zu sammeln, Infrastrukturen für die Datennutzung und Qualitätssicherungssysteme sowie Zugangsmechanismen zur Verfügung zu stellen. Daneben können Datenintermediäre Rechte des Einzelnen wahrnehmen und ihre Durchsetzbarkeit aufgrund einer stärkeren Verhandlungsposition verbessern.[25] Auch im Zusammenhang der Produktbeobachtung werden Datenintermediäre an Bedeutung gewinnen, indem sie etwa im Auftrag des Herstellers im Wege des remote-Zugriffs auf ein smartes Produkt Daten zusammentragen und/oder auswerten oder eine Plattform für die Auswertung oder den Austausch von sicherheitsrelevanten Produkterkenntnissen bereitstellen.

6.3.2 Chancen und Grenzen der Einbindung von Datenintermediären in die Produktbeobachtung

Der Hersteller kann die Produktbeobachtungspflicht als Konkretisierung der Verkehrssicherungspflichten i.S.v. § 823 Abs. 1 BGB auf Dritte delegieren, um die eigene Verantwortlichkeit zu reduzieren.[26] Denkbar erscheint daher die Übertragung der Produktbeobachtungspflicht auf einen Datenintermediär, der Produktdaten sammelt und sie mit Blick auf Sicherheitsrelevanz und Erkenntnisse zu Produktgefahren systematisch auswertet. So könnte ein Datenintermediär bei der Datengewinnung mittels remote-Zugriffs auf im Feld befindliche smarte Produkte und der anschließenden Datenauswertung eingebunden werden. Bspw. ließen sich Realzeitdaten über automatisierte Fahreigenschaften eines vernetzten Fahrzeugs und sein sicherheitsrelevantes Fahrverhalten direkt an einen Datenintermediär übermitteln und dort anschließend in manipulationssicherer Weise auswerten. Eine Weitergabe der Daten an den Hersteller findet dabei nicht statt. Es erfolgt lediglich eine Weiterleitung der Auswertungsergebnisse an den Hersteller, während die Daten nach der

---

[25] *Beise,* RDi 2021, 597 (601).
[26] MüKoBGB/*Wagner,* 8. Aufl. 2020, § 823 Rn. 522.

Auswertung gelöscht werden. Als Schnittstelle zwischen Datenschutz und Datenwirtschaft böten Datenintermediäre den Vorteil, datenschutzrechtliche Herausforderungen (s. Kap. 7) zu bewerkstelligen. Sie setzen als Verantwortliche i.S.v. Art. 4 Nr. 7 DSGVO die datenschutzrechtlichen Anforderungen nach der DSGVO um und ermöglichen eine datenschutzkonforme Datengewinnung sowie Auswertung in einer Umgebung mit hohem IT-Sicherheitsstandard. Aus verkehrssicherungsrechtlicher Sicht obliegt es dem Hersteller, die erforderliche Fachkenntnis und Leistungsfähigkeit mitsamt der Geeignetheit der Auswertungs- und Analysemethode im Vorfeld zu überprüfen. Denn für eine ordnungsgemäße Pflichtendelegation muss der Hersteller eine geeignete und qualifizierte Person auswählen, sie instruieren sowie anschließend überwachen.[27] Eine vollständige Enthaftung und Pflichtenübertragung gelingt mit der Einbindung eines Datenintermediärs jedoch nicht: Zum einen wandelt sich die aktive Produktbeobachtungspflicht in eine Pflicht zur Überwachung des Datenintermediärs. Insbesondere hat der Hersteller die übermittelten Auswertungsergebnisse zumindest auf Plausibilität zu überprüfen und die Analysemethode stetig zu kontrollieren. Zum anderen kann der Datenintermediär in der Regel bloß ein Baustein des (umfassenderen) Produktbeobachtungskonzepts sein: Der Hersteller muss weitere verfügbare Informationsquellen heranziehen und darf sich nicht allein auf die Erkenntnisse des Datenintermediärs verlassen. Dies gilt allein schon deshalb, weil die Einbindung von Datenintermediären in die Produktbeobachtung noch in den „Kinderschuhen" steckt.

Für die Übertragung der Produktbeobachtungspflicht und die Inpflichtnahme eines Datenintermediärs bezüglich der Sammlung und Auswertung von Daten bedarf es einer ausdrücklichen Vereinbarung. Es empfiehlt sich, erstens eine klare vertragliche Definition des Zwecks der Datensammlung und Auswertung sowie zweitens die entsprechenden Methoden zu vereinbaren. Ohne eine solche vertragliche Regelung besteht zwischen Hersteller und Datenintermediär in der Regel nur

---

[27] MüKoBGB/*Wagner*, 8. Aufl. 2020, § 823 Rn. 527.

ein treuhänderisches Rechtsverhältnis, wenn allein die vom Hersteller zur Verfügung gestellten Daten den Vertragsgegenstand bilden. Dieses Rechtsverhältnis beruht auf einem Geschäftsbesorgungsvertrag i.S.v. § 675 BGB bzw. einem Auftrag gemäß § 662 BGB. In diesen Fällen lässt sich allenfalls eine Informationspflicht des Datenintermediärs gegenüber dem Hersteller als vertragliche Nebenpflicht ableiten. Danach muss er insbesondere den Hersteller unterrichten, wenn er sicherheitsrelevante Daten registriert und identifiziert hat, die augenfällig auf ein (relevantes) Produktrisiko hindeuten.

Auch wenn Datenintermediäre die Daten nicht selbst auswerten, könnten Hersteller die Infrastruktur der Datenintermediäre für ihre eigene Datenauswertung nutzen. Datenintermediäre können bspw. einen Raum für die herstellerseitige Datenauswertung mit einem hohen IT-Sicherheitsniveau zur Verfügung stellen oder eine Pseudonymisierung i.S.v. Art. 4 Nr. 4 DSGVO und Verschlüsslung der Daten vornehmen, bevor sie zur Auswertung an den Hersteller weitergeleitet werden.

Abgesehen von einer aktiven Einbindung in die Produktbeobachtung könnten Datenintermediäre insgesamt unter Einhaltung kartellrechtlicher Grenzen einen Impuls zum Austausch sicherheitsrelevanter Produktdaten unter Wettbewerbern oder Behörden setzen und damit als zusätzliche Informationsquelle fungieren: Bisher existiert keine regulatorische oder haftungsrechtlich abgeleitete Pflicht zum Teilen von sicherheitskritischen Erkenntnissen.[28]

6.3.3 Originäre Produktbeobachtungspflicht der Datenintermediäre

Ungeachtet einer vertraglichen Vereinbarung, die herstellerseitige Verpflichtung zur Produktbeobachtung ausdrücklich zu übernehmen, begründen das bloße Sammeln und treuhänderische Verwalten von Daten sowie das Zurverfügungstellen einer Infrastruktur im Übrigen

---

[28] *Schmid*, IT- und Rechtssicherheit automatisierter und vernetzter cyber-physischer Systeme, 2019, S. 231.

grds. keine originäre haftungsrechtliche Beobachtungspflicht der Datenintermediäre. Eine Pflicht zur proaktiven Auswertung der gewonnenen Produktdaten und eine daran anknüpfende Warnpflicht gegenüber dem Hersteller lässt sich jedenfalls nicht aus der Dogmatik der Verkehrssicherungspflichten gemäß § 823 Abs. 1 BGB ableiten. Der Datenintermediär eröffnet mit seiner Dienstleistung keine Gefahrenquelle, da aus den erlangten Produktdaten an sich keine unmittelbaren Gefahren drohen. Vielmehr können sie als Erkenntnisgrundlage für etwaige Gefahren dienen, die mit dem Inverkehrbringen eines Produkts einhergehen. Mit Blick auf diese Gefahren hat der Datenintermediär weder die rechtliche noch die tatsächliche Gefahrsteuerungsmöglichkeit noch kommt ihm eine entsprechende Zuständigkeit zum Schutz der Rechtsgüter der Produktnutzer zu. Denn eine Fürsorgepflicht zum Schutz fremder Rechtsgüter vor Gefahren, die aus der Sphäre Dritter – hier des Herstellers – drohen, besteht nur in Ausnahmefällen.[29] Allenfalls wenn Datenintermediäre positive Kenntnis von einer Datenlage haben, die klare Schlüsse auf handgreifliche Gefahren für die Sicherheit und Gesundheit der Nutzer zulässt, kann sich ausnahmsweise auf der Grundlage des § 823 Abs. 1 BGB eine entsprechende Informationspflicht der Datenintermediäre gegenüber dem betroffenen Hersteller ergeben.

Literatur

1. *Beise*, Datensouveränität und Datentreuhand, RDi 2021, 597.
2. *Bräutigam/Klindt*, Industrie 4.0, das Internet der Dinge und das Recht, NJW 2015, 1137.
3. *Droste*, Produktbeobachtungspflichten der Automobilhersteller bei Software in Zeiten vernetzten Fahrens, CCZ 2015, 105.
4. *Foerste/Graf von Westphalen*, Produkthaftungshandbuch, 3. Aufl. 2012.
5. *Gauger/Hartmannsberger*, Rechtliche Anforderungen an Verbraucherprodukte – Pflichten, Risiken, Praxisprobleme, NJW 2014, 1137.

---

[29] MüKoBGB/*Wagner*, 8. Aufl. 2020, § 823 Rn. 451 ff.

6. *Hennemann/Ditfurth*, Datenintermediäre und Data Governance Act, NJW 2022, 1905.
7. *Hennemann/Steinrötter*, Data Act – Fundament des neuen EU-Datenwirtschaftsrechts?, NJW 2022, 1481.
8. *Klindt/Wende*, Rückrufmanagement. Leitfaden für die professionelle Abwicklung von Krisenfällen, 4. Aufl. 2021.
9. *Lenz*, Produkthaftung, 2. Aufl. 2022.
10. *Sassenberg/Faber*, Rechtshandbuch Industrie 4.0 und Internet of Things, 2. Aufl. 2020.
11. *Schrader*, Die neue vertragliche Haftung für „smarte Produkte", JA 2022, 1.
12. *ders.*, Haftung für fehlerhaft zugelieferte Dienste in Fahrzeugen, NZV 2018, 489.

7

Datenschutz im Rahmen der Produktbeobachtung

Zusammenfassung Die Erhebung und Auswertung von Daten von und über smarte Produkte zur Erfüllung der öffentlich-rechtlichen und zivilrechtlichen Produktbeobachtungspflicht muss im Einklang mit dem anwendbaren Datenschutzrecht erfolgen. Welche Maßstäbe und Grenzen hierbei einzuhalten sind, wird in diesem Kapitel behandelt.

> **Was Sie aus diesem Kapitel mitnehmen**
>
> - Welche datenschutzrechtlichen Fallstricke bei der Produktbeobachtung von smarten Produkten, Daten und Software beachtet werden müssen.
> - Dass Datenerhebung und -auswertung zum Zwecke der Produktbeobachtung datenschutzrechtlich gerechtfertigt werden können und müssen.
> - Welche Maßnahmen in der Praxis für eine datenschutzrechtlich rechtskonforme Datenerhebung und -auswertung im Rahmen der Produktbeobachtung ergriffen werden sollten.

7.1 Einführung

Bei der Erhebung und Auswertung der Produktdaten eröffnet sich zwangsläufig eine datenschutzrechtliche Dimension, die es zu berücksichtigen gilt. Soweit personenbezogene Daten rechtmäßig erhoben und verarbeitet werden sollen, muss jedenfalls stets eine juristisch tragfähige Rechtfertigung hierfür vorliegen. Der Hersteller kommt bspw. mit personenbezogenen Daten in Kontakt, wenn er Informationen aus dem Internet (z. B. aus Foren oder auch sozialen Netzwerken) sammelt. Ferner können auch IP-Adressen und Gerätekennziffern wie die MAC-Adresse oder die UDID (Unique Device ID) als personenbezogene Daten angesehen werden.[1] Nichts anderes gilt für die Namen und E-Mail-Adressen der Nutzer, wenn etwa die Produkte beim Hersteller registriert werden.

7.2 Rechtfertigung zur Datenerhebung und -verwendung

Eine Rechtfertigung dürfte regelmäßig vorliegen, sofern der Produktverwender in die Verarbeitung seiner Daten zur Produktbeobachtung rechtmäßig einwilligt. Eine solche Einwilligung, die in der Praxis freilich zu Problemen führen kann, kann bspw. im Rahmen des Kauf- oder Registrierungsprozesses erfolgen. Liegt eine ausdrückliche Einwilligung hingegen nicht vor, können die Daten beim Vorliegen eines berechtigten Interesses des Herstellers gemäß Art. 6 Abs. 1 Buchst. f DSGVO für die Produktbeobachtung erhoben und ausgewertet werden.

---

[1] Vgl. etwa Orientierungshilfe zu den Datenschutzanforderungen an App-Entwickler und App-Anbieter, hrsg. v. Düsseldorfer Kreis, 16.06.2014, S. 5.

7.3 Personenbezug der Daten

Ob Produktdaten zur Produktbeobachtung datenschutzrechtlich erhoben und verarbeitet werden dürfen, hängt maßgeblich von einem – zumindest mittelbaren – Personenbezug der entsprechenden Daten ab. Personenbezogene Daten sind alle Informationen, die sich auf eine identifizierte oder identifizierbare lebende Person beziehen. Verschiedene Teilinformationen, die gemeinsam zur Identifizierung einer bestimmten Person führen können, stellen ebenfalls personenbezogene Daten dar.[2] Smarte Produkte können regelmäßig personalisiert werden, indem der Verwender sich etwa mit seiner E-Mail-Adresse und/oder seinem Namen beim Hersteller für das Produkt registriert. Auch bei Maschinen im Kontext der sog. Industrie 4.0 kann ein Personenbezug vorliegen, wenn und soweit der Maschinenhersteller Rückschlüsse auf das Verhalten des angestellten Benutzers der jeweiligen Maschine ziehen kann. Insbesondere in Industrie 4.0-Factories, in denen der datenbeziehende Hersteller der Arbeitgeber des z. B. Maschinenführers ist, kann regelmäßig von einem Personenbezug ausgegangen werden.

Bei bestimmten technischen Daten handelt es sich jedoch nur um sog. nicht-personenbezogene „Sachdaten". Diese beziehen sich nicht auf eine natürliche Person. Dieses Szenario kommt allerdings nur dann in Betracht, wenn den jeweiligen Daten tatsächlich keinerlei Aussagegehalt über eine natürliche Person innewohnt. Immer dann, wenn über die Daten eine Aussage über den Verwender und dessen Verhalten (egal ob positiv oder negativ) ermöglicht wird, besteht allerdings ein solcher Personenbezug. Er besteht insbesondere unabhängig davon, ob es beabsichtigt ist oder nicht, daraus Aussagen über den Verwender oder sonstige natürliche Personen zu ziehen.[3] So können etwa auch Daten, die eigentlich als solche keinen Personenbezug aufweisen – z. B.

---

[2] Stellungnahme 4/2007 zum Begriff „personenbezogene Daten", 01.248/07/DE WP 136, hrsg. v. der Artikel-29-Datenschutzgruppe, S. 11, 13.
[3] Stellungnahme 4/2007 zum Begriff „personenbezogene Daten", 01.248/07/DE WP 136, hrsg. v. Artikel-29-Datenschutzgruppe, S. 11, 13.

von Sensoren gemessene Wetterdaten oder anonymisierte Daten – im Einzelfall durch die Verknüpfung bzw. Re-Identifikation (erstmals oder erneut) zu Personendaten werden.

7.4 Rechtsgrundlagen für die Rechtfertigung für die Datenverarbeitung

7.4.1 Einwilligung

Liegen personenbezogene Daten vor, kann als Rechtsgrundlage für die Datenerhebung und -verarbeitung eine Einwilligung des betroffenen Verwenders gemäß Art. 6 Abs. 1 Buchst. a DSGVO eingeholt werden.

Bei einer Einwilligung müsste der betroffene Verwender vor der Datenerhebung informiert werden und freiwillig zustimmen, welche personenbezogenen Daten durch den Produkthersteller zu welchem Zweck verarbeitet werden dürfen. Bei smarten Produkten kann sich jedoch das Problem ergeben, dass diese oftmals keinen Bildschirm oder Ähnliches zur Anzeige entsprechender Informationen haben. Eine hinreichende datenschutzrechtliche Aufklärung dürfte daher in diesen Fällen nur schwer darstellbar sein.

Des Weiteren ist zu berücksichtigen, dass die Einwilligung ausdrücklich „freiwillig" abgegeben werden muss. An die Freiwilligkeit werden indes z. T. hohe Anforderungen gestellt. So wird eine Einwilligung freiwillig abgegeben, wenn die betroffene Person eine „echte Wahl" hat, ob sie die Einwilligung erteilen möchte oder nicht. Davon wiederum kann ausgegangen werden, wenn sie in der Lage ist, die Einwilligung zu verweigern oder zurückzuziehen, ohne (erhebliche) Nachteile zu erleiden. Insbesondere wenn zwischen der betroffenen Person und dem Verantwortlichen ein relevantes Ungleichgewicht besteht, kann an der Freiwilligkeit gezweifelt werden. Dies kann etwa der Fall sein, wenn zwischen dem Einwilligenden und der die Einwilligung einholenden Stelle etwa ein Abhängigkeitsverhältnis (z. B. Arbeitgeber und Arbeitnehmer im IoT-Bereich) besteht, die einholende Stelle über

7 Datenschutz im Rahmen der Produktbeobachtung

eine monopolartige Stellung verfügt oder der Einwilligende bei der Einholung der Einwilligung überrumpelt wird. Auch in diesen Situationen ist freilich stets zu prüfen, ob sich das Ungleichgewicht in einer Art und Weise ausgewirkt hat, dass der Einwilligende im konkreten Fall keine echte Wahlmöglichkeit hatte.[4]

Ebenso wird eine Einwilligung nicht freiwillig erteilt, wenn dabei gegen das in Art. 7 Abs. 4 DSGVO normierte sog. Koppelungsverbot verstoßen wird. Dieses Verbot regelt die „Koppelung" eines Vertrages mit der Erteilung einer Einwilligung in die Verarbeitung von personenbezogenen Daten, die für die Erfüllung des Vertrages nicht erforderlich sind.[5]

Ferner ist zu berücksichtigen, dass eine Einwilligung durch den Verwender auch jederzeit widerrufbar sein muss. Aufgrund dieser „Unsicherheit" bietet der Erlaubnistatbestand der Einwilligung für die Praxis bei Lichte betrachtet nur selten die zu präferierende Rechtsgrundlage einer Datenverarbeitung.[6]

> **Praxishinweis**
>
> " Ist eine Einwilligung aufgrund eines Verstoßes gegen die gesetzlichen Voraussetzungen entgegen der Erwartung des Herstellers unwirksam, kann erfahrungsgemäß nach Ansicht einiger Landesdatenschutzbehörden die Datenerhebung nicht mehr auf gesetzliche Rechtfertigungsgründe (s. Abschn. 7.4.2, 7.4.3) gestützt werden. Die gescheiterte Einwilligung soll vielmehr eine Sperrwirkung entfalten. Um diesem Risiko wirksam zu begegnen, sollte in der Praxis nach unserem Dafürhalten von der Einholung einer Einwilligung für die Datenerhebung zur Erfüllung der gesetzlichen Produktbeobachtungspflicht abgesehen werden.

---

[4] *Arning/Rothkegel* in *Taeger/Gabel*, DSGVO – BDSG – TTDSG, 4. Aufl. 2022, Art. 4 DSGVO Rn. 303 f.
[5] *Arning/Rothkegel* in *Taeger/Gabel*, DSGVO – BDSG – TTDSG, 4. Aufl. 2022, Art. 4 DSGVO Rn. 307.
[6] *Piltz/Reusch*, BB 2017, 841 (843).

7.4.2 Berechtigtes Interesse des Verwenders

Vielmehr kann die Erfüllung der Produktbeobachtungspflicht selbst als berechtigtes Interesse i.S.v. Art. 6 Abs. 1 Buchst. f DSGVO und damit als Rechtfertigungsgrund angesehen werden.[7] Wenn der Hersteller aufgrund der Produktbeobachtungspflicht die von ihm in Verkehr gebrachten Produkte auf ihre Bewährung im Feld hin fortlaufend beobachten muss, um insbesondere zu erkennen, ob von den Produkten eine bisher unerkannte Gefahr ausgehen kann, muss er notwendigerweise auch Daten verarbeiten. Die datenschutzrechtliche Rechtfertigung als Folge der Produktbeobachtungspflicht ist jedoch nur für konkrete personenbezogene Daten gegeben, die zur Erfüllung der Produktbeobachtungspflicht erforderlich sind. Sie stellt umgekehrt also gerade keinen „Freifahrtschein" zur Erhebung von schlicht verfügbaren Daten dar.

Die Rechtsgrundlage erfordert sodann die Durchführung einer Interessenabwägung zwischen den berechtigten Interessen des Herstellers an der konkreten Verarbeitung der personenbezogenen Daten einerseits und den entgegenstehenden Interessen der betroffenen Person andererseits. Im Rahmen der Produktbeobachtung ist die betroffene Person in der Regel der Produktnutzer.[8] Allgemein gilt jedes „schutzwürdige und objektiv begründbare Interesse" als ein Belang i.S.d. Art. 6 Abs. 1 Buchst. f DSGVO.[9] Voraussetzung ist folglich, dass die Interessen bzw. Rechte der betroffenen Person das berechtigte Interesse des Herstellers im Einzelfall nicht überwiegen. Die Verarbeitung muss zudem erforderlich sein. Die Produktbeobachtung und die damit notwendigerweise einhergehenden Datenverarbeitungen dienen der Erfüllung einer rechtlich verankerten Verkehrssicherungspflicht. Sie verfolgen damit den Zweck, von einem Produkt ausgehende

---

[7] Ganz herrschende Meinung; vgl. nur Der Landesbeauftragte für den Datenschutz und die Informationsfreiheit Rheinland-Pfalz, https://www.datenschutz.rlp.de/de/themenfelder-themen/connected-car/ (zuletzt abgerufen am 31.1.2023).

[8] *Gola* in *ders./Heckmann,* Bundesdatenschutzgesetz, 13. Aufl. 2019, § 26 BDSG Rn. 16; *Maschmann* in *Kühling/Buchner,* DS-GVO/BDSG, 3. Aufl. 2020, § 26 BDSG Rn. 19.

[9] *Buchner/Petri* in *Kühling/Buchner,* DS-GVO/BDSG, 3. Aufl. 2020, Art. 6 DS-GVO Rn. 146a; BVerwG, NJW 2019, 2556 (2259).

Gefahren zu vermeiden bzw. jedenfalls zu reduzieren und minimieren. Die Datenverarbeitung dient also zumindest mittelbar auch dem Schutz von Rechtsgütern der Kunden bzw. Produktnutzer (Leben, Körper, Gesundheit und Eigentum). Im Ergebnis ist daher ein berechtigtes Interesse des Verantwortlichen anzunehmen.[10] Jedenfalls bei wenig invasiven, d. h. eher „technischen" Daten, die keine Rückschlüsse auf das konkrete Verhalten des Verwenders zulassen, dürfte eine datenschutzrechtliche Rechtfertigung nach diesen Grundsätzen richtigerweise gegeben sein.

Die Verarbeitung personenbezogener Daten kann ferner i.S.d. Art. 6 Abs. 1 Buchst. f DSGVO nur zulässig sein, soweit sie zur Erreichung des jeweils verfolgten Zwecks erforderlich ist. Sofern es sich folglich um personenbezogene Daten handelt, dürften nur diejenigen Daten verarbeitet werden, die benötigt werden, um die Produktbeobachtung zu erfüllen. Ferner darf der Hersteller keine personenbezogenen Daten auf Vorrat oder „ins Blaue hinein" erheben, wenn er diese nicht direkt benötigt, um seiner Produktbeobachtungspflicht nachzukommen. Zudem dürfen die im Rahmen der Produktbeobachtung erhobenen Daten nur für just diesen Zweck genutzt werden.[11]

> **Praxishinweis**
>
> Im Rahmen der Rechtfertigung nach Art. 6 Abs. 1 Buchst. f DSGVO sollte unternehmensintern dokumentiert werden, welche Gründe die Datenerhebung und -auswertung rechtfertigen. Dies kann insbesondere durch eine (interne) Aktennotiz oder über ein rechtliches Gutachten bzw. eine rechtliche Stellungnahme einer (spezialisierten) Rechtsanwaltskanzlei erfolgen.

7.4.3 Rechtliche Verpflichtung

Außerdem kann die Datenerhebung und -auswertung auf eine rechtliche Verpflichtung nach Art. 6 Abs. 1 Buchst. c DSGVO gestützt

---

[10] *Piltz/Reusch*, BB 2017, 841 (844).
[11] *Piltz/Reusch*, BB 2017, 841 (844).

werden. Danach kann eine solche Verpflichtung ein eigenständiger Erlaubnistatbestand zur Datenverarbeitung sein. Hierfür muss dem Verantwortlichen indes dezidiert die Einhaltung einer gesetzlichen Pflicht obliegen. Aus welchem Rechtsgebiet die Rechtspflicht herrührt, ist hierfür ohne Belang, sodass neben Verpflichtungen aus öffentlich-rechtlichen Vorgaben auch solche aus den jeweiligen Normen des Zivilrechts erfasst sind.[12] Wie bereits ausgeführt (s. Kap. 2), handelt es sich bei der Produktbeobachtungspflicht um eine ebenso öffentlich-rechtliche wie zivilrechtliche Pflicht insbesondere des Herstellers. Daraus folgt unmittelbar, dass diese auch als Rechtfertigungsgrund im Rahmen des Art. 6 Abs. 1 Buchst. c DSGVO in Betracht kommt.[13] Erneut ist jedoch das Prinzip der Datensparsamkeit zu beachten, wonach nur die für die Produktbeobachtung zwingend notwendigen Daten erhoben und ausgewertet werden dürfen.

7.5 Verantwortlicher Wirtschaftsakteur

Die Identifikation des (einzig) verantwortlichen datenschutzrechtlichen Wirtschaftsakteurs kann im Zusammenhang mit vernetzten Produkten eine Herausforderung darstellen. Dies liegt daran, dass bei smarten Produkten bekanntlich verschiedene Wirtschaftsakteure auf Daten einwirken und diese damit erheben sowie verarbeiten können.

Datenschutzrechtlich Verantwortlicher i.S.d. Art. 4 Abs. 7 DSGVO ist, wer über Zweck und Mittel der Verarbeitung entscheidet. Als Zweck ist dabei jedes mittelbare oder unmittelbare Ziel der Datenverarbeitung anzusehen. Die Art. 29-Datenschutzgruppe definiert den Begriff des Zwecks weitergehend als „erwartetes Ergebnis, das beabsichtigt ist oder die geplanten Aktionen leitet".[14]

---

[12] *Schulz* in *Gola,* DS-GVO, 2. Aufl. 2018, Art. 6 Rn. 41 ff.
[13] *Steinrötter,* ZD 2021, 513 (515).
[14] WP 169, hrsg. v. der Art. 29-Datenschutzgruppe, 2010 S. 16; *Specht-Riemenschneider/Schneider,* MMR 2019, 503 (505).

7 Datenschutz im Rahmen der Produktbeobachtung

Wenn und soweit Personen zumindest teilweise gemeinsam über Zweck und Mittel entscheiden, liegt ein Fall der sog. gemeinsamen Verantwortlichkeit vor (Art. 26 DSGVO). Dabei ist irrelevant, welchen Einfluss die jeweils beteiligten Parteien auf die Entscheidung über Zweck und Mittel der Datenverarbeitung haben. Nutzt ein Wirtschaftsakteur Daten für eigene Zwecke, etwa zur Produktbeobachtung, ist er fraglos selbst Verantwortlicher. Sobald ein weiterer Wirtschaftsakteur dieselben Daten verwendet, besteht demgegenüber ggf. eine gemeinsame Verantwortlichkeit nach Art. 26 DSGVO. Entscheiden folglich mehrere Verantwortliche gemeinsam über Zweck und Mittel einer Datenverarbeitung, sind sie ohne Weiteres gemeinsam in diesem Sinne verantwortlich. Zu denken ist bspw. an das Szenario, in welcher erstens der Hersteller einer Produktionsmaschine, zweitens der Fabrikbetreiber, der die Produktionsmaschine einsetzt, und drittens ein Beratungsunternehmen als Service-Dienstleister, das eine sog. Big-Data-Analyse durchführt, die Produktdaten erhält und verwendet. Da der Europäische Gerichtshof (EuGH) die gemeinsame Verantwortlichkeit relativ weit interpretiert, wäre in diesem Beispiel richtigerweise von dieser Form der Verantwortlichkeit auszugehen.[15]

Insgesamt ist die Abgrenzung der Verantwortlichkeiten (eigenständig Verantwortliche, gemeinsam Verantwortliche und etwa Auftragsverarbeiter) beim Einsatz vernetzter Gegenstände überaus umstritten. Konkrete Urteile und/oder belastbare Stellungnahmen von Behörden liegen zur Abgrenzung der Verantwortlichkeit für diesen speziellen Fall – soweit ersichtlich – noch nicht vor. In der Praxis ist daher jeder Einzelfall gesondert zu prüfen.

> **Praxishinweis**
>
> Folge einer gemeinsamen Verantwortlichkeit ist, dass die Beteiligten gemäß Art. 26 Abs. 1 S. 2 DSGVO eine vertragliche Vereinbarung schließen müssen, wer von ihnen welche Verpflichtung gegenüber dem Betroffenen

---

[15] EuGH, C-40/17 – Fashion.

erfüllt. Dies gilt insbesondere in Hinblick auf die Wahrnehmung der Rechte des Betroffenen und der Informationspflichten gegenüber dem Betroffenen.

Literatur

1. *Gola/Heckmann*, Bundesdatenschutzgesetz, 13. Aufl. 2019.
2. *Gola*, DS-GVO, 2. Aufl. 2018.
3. *Kühling/Buchner*, DS-GVO/BDSG, 3. Aufl. 2020.
4. *Piltz/Reusch*, Internet der Dinge: Datenschutzrechtliche Anforderungen bei der Produktbeobachtung, BB 2017, 841.
5. *Specht-Riemenschneider/Schneider*, Die gemeinsame Verantwortlichkeit im Datenschutzrecht, MMR 2019, 503.
6. *Steinrötter*, Datenschutz als Gretchenfrage für autonome Mobilität, ZD 2021, 513.
7. *Taeger/Gabel*, DSGVO – BDSG – TTDSG, 4. Aufl. 2022.

8
Ausblick

Zusammenfassung Die Digitalisierung von Produkten wird zusehends vom Gesetzgeber aufgegriffen und geregelt. Treiber sind neue Technologien, die gerade auch Einzug in die Produktentwicklung und -herstellung finden. Aus diesem Grund soll im abschließenden Kapitel aufgezeigt werden, welche praktisch relevanten Gesetzgebungsverfahren (unter Berücksichtigung von UNECE-Regelungen) gerade im Gang sind bzw. kürzlich abgeschlossen wurden. Besonders im Fokus stehen naturgemäß die neuen Regelungen zur digitalisierten Produktbeobachtung bzw. zur Beobachtung smarter Produkte, die es in der Zukunft zu beachten gilt.

> **Was Sie aus diesem Kapitel mitnehmen**
>
> - Welche neuen Regelungen zur Produktbeobachtungspflicht durch aktuelle Gesetzesvorhaben auf EU-Ebene zu erwarten sind.
> - Dass (geplante) Regelungen in der EU-Maschinenverordnung, EU-Produktsicherheitsverordnung, KI-Verordnung, dem Cyber Resiliance Act und den UNECE R 155, R 156, R 157 die Produktbeobachtung im Zuge der Digitalisierung der Produktwelt absehbar verschärfen werden.
> - Welche Maßnahmen Hersteller bereits heute in die Wege leiten können, um die geplanten Änderungen rechtzeitig zum jeweiligen Geltungsbeginn erfüllen zu können.

8.1 Maschinenverordnung

Der Reformbedarf im Maschinenrecht war schon seit Längerem Thema in den beteiligten Kreisen. Tatsächlich stammt die derzeit noch gültige Richtlinie 2006/42/EG (sog. EG-Maschinenrichtlinie) aus dem Jahr 2006, sodass sie noch nicht vom sog. New Legislative Framework (NLF)[1] im Allgemeinen und vom Beschluss Nr. 768/2008/EG im Besonderen beeinflusst werden konnte.[2] Mit Blick auf die Entstehungszeit der EG-Maschinenrichtlinie verwundert es nicht, dass die Digitalisierung im engeren Sinne noch keine ausdrückliche Rolle spielte. Gemeint ist damit die für die Industrie 4.0 typische Vernetzung einerseits und der Aspekt der Cybersecurity andererseits. Dies gilt namentlich für die grundlegenden Sicherheits- und Gesundheitsschutzanforderungen für Konstruktion und Bau von Maschinen in Anhang I der Richtlinie 2006/42/EG. Dies heißt jedoch nicht, dass Software in der EG-Maschinenrichtlinie keine Rolle spielt. Ganz im Gegenteil darf z. B. ein Defekt der Software der Steuerung nicht zu Gefährdungssituationen führen, Nr. 1.2.1 des Anhangs I der Richtlinie 2006/42/EG. Während also Software schon bekannt war und reguliert

---

[1] Zum NLF *Kapoor/Klindt*, EuZW 2008, 649; *dies.*, EuZW 2009, 134.
[2] Vgl. zum Maschinenrecht *Schucht/Berger*, Praktische Umsetzung der Maschinenrichtlinie, 2. Aufl. 2019; *Schucht*, GewArch 2016, 106.

wurde, gilt dies nicht für spezifische Produktbeobachtungspflichten in Bezug auf Maschinen und unvollständige Maschinen; denn die entsprechenden Pflichtenkataloge (der Hersteller und Einführer) wurden erst im Jahr 2008 aus der Taufe gehoben. Allerdings gelten bei Verbraucherprodukten die unterschiedlichen Spielarten der öffentlich-rechtlichen Produktbeobachtungspflicht aus § 6 Abs. 3 ProdSG.

Dessen ungeachtet handelt es sich bei der EG-Maschinenrichtlinie um einen Rechtsakt im Rahmen des sog. New Approach.[3] Daraus folgt, dass die betreffenden Produkte bzw. Maschinen die grundlegenden Sicherheitsanforderungen bzw. wesentlichen Anforderungen erfüllen müssen. M.a.W. müssen die sachlich erfassten Produkte sicher sein. Im Maschinenrecht gelten insoweit die Grundsätze für die Integration der Sicherheit in Nr. 1.1.2 des Anhangs I der Richtlinie 2006/42/EG. Danach ist die „Maschine so zu konstruieren und zu bauen, dass sie ihrer Funktion gerecht wird und unter den vorgesehenen Bedingungen – aber auch unter Berücksichtigung einer vernünftigerweise vorhersehbaren Fehlanwendung der Maschine – Betrieb, Einrichten und Wartung erfolgen kann, ohne dass Personen einer Gefährdung ausgesetzt sind. Die getroffenen Maßnahmen müssen darauf abzielen, Risiken während der voraussichtlichen Lebensdauer der Maschine zu beseitigen, einschließlich der Zeit, in der die Maschine transportiert, montiert, demontiert, außer Betrieb gesetzt und entsorgt wird." Wenn der Aspekt der Cybersecurity als vernünftigerweise vorhersehbare Fehlanwendung angesehen wird, muss der Maschinenhersteller also schon jetzt dafür Sorge tragen, dass weder Nutzer noch unbeteiligte Dritte gefährdet werden.[4]

Am 21.4.2021 wurde sodann ein Vorschlag für eine Verordnung des Europäischen Parlaments und des Rates über Maschinenprodukte veröffentlicht (COM(2021) 202 final; im Folgenden „MVO-E"). In der Begründung des Entwurfs wird schon zu Beginn deutlich gemacht, dass der Vorschlag „im Einklang mit der Politik der Union im Bereich Cybersicherheit" steht. Dabei wird Bezug auf die Verordnung (EU)

---

[3] Zum *New Approach Schucht,* EuZW 2017, 46.
[4] Dazu etwa *Wiebe,* InTeR 2021, 66 (67).

2019/881 des Europäischen Parlaments und des Rates vom 17.4.2019 über die ENISA (Agentur der Europäischen Union für Cybersicherheit) und über die Zertifizierung der Cybersicherheit von Informations- und Kommunikationstechnik und zur Aufhebung der Verordnung (EU) Nr. 526/2013 (Rechtsakt zur Cybersicherheit) genommen (COM(2021) 202 final, S. 4). Aus den Erwägungsgründen ergibt sich, dass weitere Risiken im Zusammenhang mit der neuen Digitaltechnik solche sind, „die durch böswillige Dritte hervorgerufen werden und sich auf die Sicherheit von Maschinenprodukten auswirken. Diesbezüglich sollten die Hersteller dazu verpflichtet sein, verhältnismäßige Maßnahmen zu ergreifen, die sich auf den Schutz der Sicherheit des Maschinenprodukts beschränken" (vgl. zum Ganzen Erwägungsgrund (22) zum MVO-E). Gerade mit Blick auf diese Risiken, die von böswilligen Handlungen Dritter ausgehen und sich negativ auf die Maschinensicherheit auswirken, soll es grundlegende Sicherheits- und Gesundheitsschutzanforderungen geben, für die wiederum „in angemessenem Umfang eine Konformitätsvermutung durch eine Zertifizierung oder Konformitätserklärung gegeben werden kann". Relevant sein sollen in diesem Zusammenhang Schemata für Cybersicherheit(szertifizierung) im Sinne des Art. 54 Abs. 3 VO (EU) 2019/881 (zum Ganzen Erwägungsgrund (43) zum MVO-E).

Inhaltlich im Fokus standen von Beginn an zwei Aspekte der grundlegenden Sicherheits- und Gesundheitsanforderungen bei Konstruktion und Bau von Maschinenprodukten aus Anhang III des MVO-E: Erstens soll es eine neue Anforderung über den „Schutz gegen Verfälschungen" geben, die in Nr. 1.1.9 des Anhangs III des MVO-E geregelt ist. Danach muss das Maschinenprodukt „so konstruiert und gebaut sein, dass der Anschluss einer anderen Einrichtung an das Produkt über eine beliebige Funktion der angeschlossenen Einrichtung selbst oder über eine mit dem Maschinenprodukt kommunizierende Einrichtung nicht zu einer gefährlichen Situation führt." Ganz konkret sollen „Software und Daten, die für die Übereinstimmung des Maschinenprodukts mit den einschlägigen Gesundheits- und Sicherheitsanforderungen von entscheidender Bedeutung sind, (…) als solche zu benennen und angemessen gegen unbeabsichtigte oder vorsätzliche Verfälschung zu schützen" sein. Darüber hinaus muss das Maschinenprodukt „die installierte Software kenntlich machen, die für den sicheren Betrieb erforderlich ist, und diese Informationen jederzeit in leicht zugänglicher Form bereitstellen können." Schließlich muss das Maschinenprodukt „Beweise für ein rechtmäßiges oder unrechtmäßiges Eingreifen in die Software oder eine Veränderung der im Maschinenprodukt oder seiner Konfiguration installierten Software sammeln." In der derzeit noch geltenden EG-Maschinenrichtlinie gibt es tatsächlich kein Vorbild für diese Anforderung.

Daneben soll zweitens die schon bestehende Regelung zur „Sicherheit und Zuverlässigkeit von Steuerungen" in Nr. 1.2.1 des Anhangs III des MVO-E modifiziert werden. Insoweit wird gleich zu Beginn klargestellt, dass Steuerungen „beabsichtigten und unbeabsichtigten äußeren Einflüssen (…) widerstehen können" müssen. Ausdrücklich erwähnt werden „böswillige Versuche Dritter, Gefährdungssituationen zu schaffen". Bislang werden unter den in Nr. 1.2.1 des Anhangs I der Richtlinie 2006/42/EG genannten „Betriebsbeanspruchungen und Fremdeinflüssen" dezidiert mechanische Beanspruchungen zusammengefasst, „die durch den Betrieb der Maschine selbst oder durch deren Umgebung hervorgerufen werden, wie zum Beispiel Stöße, Vibrationen und Abrieb.[5] Sodann wird neu eingefügt, dass „die Sicherheitsfunktionen nicht über die vom Hersteller in der Risikobeurteilung für das Maschinenprodukt festgelegten Grenzen hinaus verändert werden können. Die Festlegung der Grenzen der Sicherheitsfunktionen muss Teil der vom Hersteller durchgeführten Risikobeurteilung sein und auch mögliche Änderungen der durch das Maschinenprodukt oder den Bediener generierten Einstellungen oder Regeln einschließlich der Lernphase berücksichtigen, welche die in der Risikobeurteilung festgelegten Grenzen nicht überschreiten dürfen". Neu ist auch die Vorgabe, dass „Steuerungssysteme für Maschinenprodukte, deren Verhalten oder Logik vollständig oder teilweise veränderlich ist und für einen in wechselndem Maße autonomen Betrieb ausgelegt sind, (…) so

---

[5] Leitfaden für die Anwendung der Maschinenrichtlinie 2006/42/EG, hrsg. v. der Europäischen Kommission, Aufl. 2.2, 2019, § 184, S. 204.

konzipiert und gebaut sein [müssen], dass (a) sie nicht dazu führen, dass das Maschinenprodukt Handlungen ausführt, die über seine festgelegte Aufgabe und seinen festgelegten Bewegungsbereich hinausgehen; (b) es jederzeit möglich ist, dass das Maschinenprodukt zu korrigieren, um seine inhärente Sicherheit zu wahren."

Was die spezifische Konformitätsvermutung unter dem Aspekt der Cybersicherheit anbelangt, ist diese in Art. 17 Abs. 5 MVO-E geregelt. Die Vermutungswirkung nimmt dezidiert Bezug auf die Anforderungen in den Nrn. 1.1.9, 1.2.1 des Anhangs III des MVO-E. Sie reicht naturgemäß nur so weit wie „diese Anforderungen durch das Cybersicherheitszertifikat oder die Konformitätserklärung oder Teile davon abgedeckt sind." Wenn nun die Cybersicherheit bzw. Security zukünftig zu den grundlegenden Sicherheits- und Gesundheitsschutzanforderungen rechnet, für deren Einhaltung wiederum der Hersteller gemäß Art. 10 Abs. 1 MVO-E verantwortlich zeichnet, ist daraus zivilrechtlich fraglos eine Pflicht zur Produktbeobachtung abzuleiten; denn zu den Grundsätzen für die Integration der Sicherheit in Nr. 1.1.2 des Anhangs III des MVO-E gehört es auch, dass die getroffenen Schutzmaßnahmen „darauf abzielen, Risiken während der voraussichtlichen Lebensdauer des Maschinenprodukts zu beseitigen, einschließlich der Zeit, in der es transportiert, montiert, demontiert, außer Betrieb gesetzt und entsorgt wird". Mit Blick darauf wird ein Maschinenhersteller verpflichtet sein, fortlaufend zu prüfen, ob das implementierte Konzept der Cybersecurity funktioniert.

Was schließlich die öffentlich-rechtliche Produktbeobachtungspflicht anbelangt, soll diese in Übernahme der Musterbestimmungen aus Anhang I des Beschlusses Nr. 768/2008/EG anerkannt werden. Erneut werden nur die Hersteller und Einführer in die Pflicht genommen, Artt. 10 Abs. 4 Unterabs. 2, 12 Abs. 6 MVO-E. Zu beachten ist jedoch, dass Gegenstand der Produktbeobachtung (wie schon in der PSA-Verordnung sowie der EU-Gasgeräte-Verordnung aus dem Jahr 2016) nicht mehr nur Verbraucherprodukte sein sollen: Bezugspunkt sind schlicht sämtliche Maschinenprodukte gemäß Art. 2 Abs. 1 MVO-E.

8.2 EU-Produktsicherheitsverordnung

Die EU-Produktsicherheitsverordnung[6] (im Folgenden „GPSR"), die als Nachfolgerechtsakt der Richtlinie 2001/95/EG das allgemeine Produktsicherheitsrecht und damit das Recht der Verbraucherprodukte umfassend novelliert, adressiert auch Produktbeobachtungspflichten an die Hersteller und Einführer. Vom Umfang her bleiben die in Art. 9 Abs. 11-13 GPSR und Art. 11 Abs. 9-11 GPSR verankerten Produktbeobachtungspflichten jedoch hinter den Vorgaben des Art. 5 Abs. 1 Unterabs. 4 Buchst. b RL 2001/95/EG und der Artt. R2 Abs. 4 Unterabs. 2, R4 Abs. 6 des Anhang I des Beschlusses Nr. 768/2008/EG zurück. Neu sind die datenschutzrechtlichen Vorgaben zum Umgang mit den personenbezogenen Daten im Rahmen der Feldrückmeldungen (Artt. 9 Abs. 13 S. 2, 11 Abs. 11 S. 2 GPSR).

8.2.1 Produktbeobachtungspflicht der Hersteller

Gemäß Art. 9 Abs. 11 GPSR müssen Hersteller ein dokumentationsbasiertes Beschwerdemanagementsystem etablieren und unterhalten. Wichtiger Bestandteil des Beschwerdemanagementsystems ist eine von den Herstellern einzurichtende zentralisierte Beschwerdestelle, die Verbraucherbeschwerden und sicherheitsrelevante Vorkommnisse systematisch entgegennimmt und auswertet. Bei der Einrichtung der Beschwerdestelle und der Festlegung ihrer Arbeitsweise handelt es sich um genuin organisatorische Herausforderungen. Diese Beschwerdestelle muss über öffentlich zugängliche Kommunikationskanäle, d. h. Telefonnummern, E-Mail-Adressen oder spezielle Rubriken auf der Website, erreichbar sein (Art. 9 Abs. 11 GPSR). Den Herstellern steht es frei, wie sie die Erreichbarkeit der Beschwerdestelle gegenüber den Verbrauchern kommunizieren. Es wird sich erfahrungsgemäß regelmäßig anbieten,

---

[6] Verordnung (EU) 2023/988; vgl. zum Entwurf *Schucht*, GewArch 2022, 394; *Hartmann/Klindt*, ZfPC 2022, 73; *Ackermann/Golling*, ZfPC 2022, 67.

die Kommunikationskanäle auf der Verpackung oder der Bedienungsanleitung anzuführen.

Die eingegangenen Beschwerden sowie die erhaltenen Informationen über Unfälle müssen die Hersteller im Weiteren prüfen (Art. 9 Abs. 12 GPSR). Allerdings beschränkt sich die Prüfpflicht auf solche Beschwerden, die mutmaßlich gefährliche Produkte zum Gegenstand haben. Insofern löst nicht jede berichtete Nichtkonformität die Pflicht zur weiteren Prüfung aus. Mit der Beschwerdeprüfung ist an dieser Stelle die Auswertung der bereitgestellten Informationen zur Aufklärung der Beschwerde und möglicher Fehlerursachen sowie -folgen gemeint. Bezugspunkte der Beschwerdeauswertung können vor allem die Sicherheitsmerkmale gemäß Art. 6 Abs. 1 GPSR sein, die als Prüfsteine für die Feststellung der Sicherheitsrelevanz der Feldrückmeldung fungieren. Welche Form der Prüfung die Hersteller wählen, bleibt ihnen überlassen. Denkbar ist etwa eine technische Prüfung durch ein externes Prüfhaus und/oder die Erstellung einer RAPEX-Risikobewertung.

Zugleich haben die Hersteller die Pflicht, erhaltene Beschwerden sowie anschließende Rückrufaktionen zu protokollieren. Vorgaben zum Umfang und zur Granularität der Dokumentation gibt es jedoch nicht. Als grobe Maßgabe kann daher in Zukunft gelten: Die Dokumentation sollte so umfangreich und detailliert sein, dass der Vorgang im Nachgang auf plausible Weise nachvollzogen werden kann. Implizit setzt dieses Dokumentationserfordernis ein papier- oder IT-gestütztes Beschwerderegister voraus. In diesem Beschwerderegister sollte neben der Beschwerde als solcher und einer etwaigen Korrekturmaßnahme insbesondere die Beschwerdeprüfung und das Untersuchungsergebnis dokumentiert werden.

Insgesamt verpflichtet die GPSR die Hersteller lediglich zur passiven, jedoch nicht zur aktiven Produktbeobachtung: Hersteller haben über die Sammlung und Prüfung von Beschwerden und Unfällen hinaus keine Pflicht zur aktiven Informationsbeschaffung. Im Gegensatz zu Art. 5 Abs. 1 Unterabs. 4 Buchst. b RL 2001/95/EG bzw. § 6 Abs. 3 S. 1 Nr. 1 ProdSG verpflichtet die GPSR die Hersteller nicht zur Ziehung und Durchführung von Stichproben. In produktsicherheitsrechtlicher Sicht wird das Pflichtenprogramm und damit das Schutzniveau abgesenkt. Denn auch die EU-Mitgliedstaaten haben aufgrund der vollharmonisierenden GPSR richtigerweise keinen Raum für die Erweiterung der produktsicherheitsrechtlichen Beobachtungspflicht auf nationaler Ebene. Unter Beachtung der umfangreichen produzentenhaftungsrechtlichen Produktbeobachtungspflichten gemäß § 823 Abs. 1 BGB, die ohne Weiteres die Stichprobenziehung umfasst, wird es letztendlich indes grds. zu keiner relevanten Schutzniveauabsenkung kommen. Lediglich Quasi-Hersteller wären dann insgesamt von einer aktiven Produktbeobachtungspflicht befreit, weil für sie eine solche Pflicht auch nicht aus § 823 Abs. 1 BGB folgt.

Anknüpfend an die Produktbeobachtungspflicht kommt den Herstellern gemäß Art. 9 Abs. 8 Unterabs. 1 Buchst. a GPSR die Pflicht zu, unverzüglich die erforderlichen Korrekturmaßnahmen zur Herstellung der Produktkonformität zu ergreifen, wenn sie der Auffassung sind oder einen begründeten Verdacht haben, dass ein von ihnen in Verkehr gebrachtes Produkt gefährlich ist. Anders als § 6 Abs. 2, 3 ProdSG sieht die GPSR folglich eine gesetzliche Verpflichtung zum Ergreifen von Gefahrabwendungsmaßnahmen vor. Eine solche Pflicht entsteht allerdings keinesfalls schon bei jeglicher Nichtkonformität, sondern erst im Falle fehlender Sicherheit. Beachtlich ist daher nur der Verstoß gegen materielle (sicherheitsrelevante) Anforderungen. Ungeachtet der zu ergreifenden Korrekturmaßnahmen müssen die Hersteller die Verbraucher gemäß Art. 35 bzw. Art. 36 GPSR warnen und die zuständigen Marktüberwachungsbehörden unter Verwendung des in Art. 27 GPSR verankerten - Safety-Business-Gateway unterrichten (Art. 9 Abs. 8 Unterabs. 1 Buchst. b, c GPSR).

8.2.2 Produktbeobachtungspflicht der Einführer

Inhaltlich ähnelt die Produktbeobachtungspflicht des Einführers gemäß Art. 11 Abs. 9, 10 GPSR der des Herstellers nach Art. 9 Abs. 11, 12 GPSR (s. Kap. 8.2.1). Ebenso wie die Hersteller müssen die Einführer sicherheitsrelevanten Verbraucherbeschwerden und erhaltenen Informationen über Unfälle nachgehen und diese überprüfen. Eingegangene Beschwerden, durchgeführte Rückrufe sowie etwaige Korrekturmaßnahmen müssen die Einführer entweder in dem vom

Hersteller geführten Beschwerderegister dokumentieren lassen oder in einem eigenen Beschwerderegister festhalten. Damit Beschwerden überhaupt eingehen können, stellen Einführer sicher, dass den Verbrauchern die Kommunikationskanäle für die Beschwerdemitteilung i.S.v. Art. 9 Abs. 11 GPSR offenstehen. Hierbei handelt es sich im Kern um die Pflicht des Einführers, zu kontrollieren, ob der Hersteller seine Erreichbarkeit ordnungsgemäß ermöglicht. Denn im Falle fehlender Kommunikationswege beim Hersteller wird der Einführer den Hersteller in der Regel nicht zur Einführung veranlassen können. In diesem Fall haben die Einführer die Verpflichtung, eigene öffentlich zugängliche Kommunikationskanäle vorzuhalten (Art. 11 Abs. 9 S. 2 GPSR). Ungeachtet dessen empfiehlt es sich für Einführer, eine zentralisierte Beschwerdestelle einzurichten, welche die eingegangenen Beschwerden und sicherheitsrelevanten Feldrückmeldungen sammelt, bearbeitet und in Richtung des Herstellers kanalisiert. Die zentrale Beschwerdestelle kann zudem die betroffenen Hersteller und Händler über die durchgeführten Beschwerdeprüfungen und die Ergebnisse auf dem Laufenden halten. Dazu sind Einführer gemäß Art. 11 Abs. 10 S. 2 GPSR aufgrund der sie selbst treffenden Produktbeobachtungspflicht ohnehin verpflichtet.

Die Einführer treffen darüber hinaus reduzierte Gefahrabwendungspflichten. Danach müssen sie zunächst nur sicherstellen, dass Hersteller bei einer festgestellten fehlenden Produktsicherheit oder einem begründeten Verdacht relevanter Produktrisiken unverzüglich die notwendigen Korrekturmaßnahmen ergreifen. Gleiches gilt für die Warnung der Verbraucher und die Unterrichtng der Marktüberwachungsbehörden mittels des Safety-Business-Gateway. Nur wenn der Hersteller seiner Pflicht nicht nachkommt, hat der Einführer nachrangig selbst Korrekturmaßnahmen zu treffen (Art. 11 Abs. 8 Unterabs. 1 Buchst. b GPSR).

Ein Vergleich der Produktbeobachtungs- und Gefahrabwendungspflichten der Hersteller und Einführer zeigt, dass die Hersteller insoweit vorrangig verpflichtet sind. Auch wenn die Einführer einen geringeren Pflichtenumfang haben, sind sie gut beraten, ein konzentriertes Beschwerde- und Gefahrenabwehrmanagementsystem zu unterhalten, mit dem sie Produktkrisen frühzeitig erkennen und darauf effektiv reagieren können. Denn erfahrungsgemäß vernachlässigen Hersteller mit Sitz außerhalb der EU nicht selten ihre entsprechenden Pflichten.

8.3 Cyber Resilience Act

Am 15.09.2022 veröffentlichte die Kommission ihren Vorschlag einer Verordnung über horizontale Cybersicherheitsanforderungen für Produkte mit digitalen Elementen, den „Cyber Resilience Act" (im Folgenden „CRA-E"). Als erster europäischer Rechtsakt dieser Art soll er verbindliche Cybersicherheitsanforderungen für Produkte mit digitalen Elementen während ihres gesamten Lebenszyklus einführen. Der auf dem New Legislative Framework (NLF)[7] beruhende Verordnungsentwurf gilt für Produkte mit digitalen Elementen, deren bestimmungsgemäße oder vernünftigerweise vorhersehbare Verwendung eine direkte oder indirekte logische oder physische Datenverbindung mit einem Gerät oder Netz einschließt (Art. 2 Abs. 1 CRA-E). Art. 3 Abs. 1 CRA-E bezeichnet den Begriff „Produkt mit digitalen Elementen" als „Software- oder Hardwareprodukte und dessen Datenfernverarbeitungslösungen, einschließlich Software- oder Hardwarekomponenten, die getrennt in Verkehr gebracht werden sollen".

Art. 10 Abs. 6 CRA-E erlegt den Herstellern i.S.v. Art. 3 Nr. 18 CRA-E Produktbeobachtungspflichten auf, die freilich nur auf den zweiten Blick als solche zu erkennen sind. Danach stellen Hersteller sicher, dass Schwachstellen eines von ihnen in Verkehr gebrachten Produkts mit digitalen Elementen wirksam und im Einklang mit den grundlegenden Anforderungen in Abschn. 2 des Anhangs I des CRA-E behandelt werden. Erst aus diesen grundlegenden Anforderungen folgen dezidierte aktive und passive Produktbeobachtungs- sowie Reaktionspflichten, die im Wesentlichen als Organisationspflichten ausgestaltet sind. Abschn. 2 des Anhangs I des CRA-E enthält einen Katalog an

---

[7] Vgl. zu den Nachweisen oben Fn. 3.

Maßnahmen zur Umsetzung und Konkretisierung der Pflichten. Hierzu gehören u. a. folgende Vorkehrungen:

- Dokumentierung und Identifizierung von Schwachstellen
- Durchführung wirksamer und regelmäßiger Tests und Überprüfungen der IT-Sicherheit des Produkts
- Informationsaustausch bezüglich Schwachstellen und Einrichtung einer Beschwerdestelle
- Mechanismen zur sicheren Verteilung von unverzüglichen und kostenlosen Updates nebst relevanter Nutzerinformationen
- öffentliche Bekanntgabe von Informationen über behobene Sicherheitslücken nach der Bereitstellung einer Sicherheitsaktualisierung

Daneben ergibt sich eine die Hersteller treffende Gefahrabwendungspflicht aus Art. 10 Abs. 12 CRA-E. Danach müssen Hersteller, die wissen oder Grund zur Annahme haben, dass ein Produkt mit digitalen Elementen nicht-konform ist, unverzüglich erforderliche Korrekturmaßnahmen ergreifen. Eine identische Pflicht trifft auch den Einführer i.S.d. Art. 3 Nr. 20 CRA-E (vgl. Art. 13 Abs. 6 CRA-E).

In zeitlicher Hinsicht sind diese Produktbeobachtungs- und Reaktions- bzw. Gefahrabwendungspflichten (im Unterschied zur zivilrechtlichen Produktbeobachtungspflicht)[8] beschränkt. Den Hersteller treffen diese Pflichten während der erwarteten Produktlebensdauer oder während eines Zeitraums von fünf Jahren ab dem Inverkehrbringen des Produkts, je nachdem, welcher Zeitraum kürzer ist. Vor diesem Hintergrund sollte der Hersteller die erwartete Produktlebensdauer in der technischen Dokumentation gemäß Art. 23 CRA-E definieren. Der Zeitpunkt des Inverkehrbringens erweist sich jedoch bei selbstständiger Software bzw. Stand alone-Software, die auch unter den sachlichen Anwendungsbereich fällt, als problematisch. Art. 3 Nrn. 22, 23 CRA-E definiert das Inverkehrbringen als die erstmalige „entgeltliche oder unentgeltliche Abgabe eines Produkts mit digitalen Elementen

---

[8] *Stöhr*, PHi 2015, 206 (209 f.).

zum Vertrieb oder zur Verwendung auf dem Unionsmarkt im Rahmen einer Geschäftstätigkeit". Nach herrschender Meinung setzt eine Abgabe i.S.d. Produktsicherheitsrechts den Wechsel der tatsächlichen Sachherrschaft und damit einen gewissen Grad an Körperlichkeit des Produkts voraus.[9] Stand alone-Software ist allerdings weder körperlich noch besitzfähig.[10] Deshalb erscheint ein Wechsel der Sachherrschaft nicht möglich. Folglich muss die Abgabe an die Einräumung der Zugriffs- und Nutzungsmöglichkeit anknüpfen. Dies kann etwa über die öffentlich zugängliche Downloadmöglichkeit auf einer Website, die Zurverfügungstellung eines Download-Links oder die Übermittlung der Zugangsdaten erfolgen.[11]

Als zentraler Rechtsakt für Cybersicherheitsanforderungen für digitale Produkte wird der Cyber Resilience Act bzw. werden die dort verankerten Produktbeobachtungspflichten eine maßgebliche Rolle bei der Digitalisierung der Produktbeobachtung spielen. Hersteller smarter Produkte sollten sich daher schon frühzeitig mit organisatorischen Herausforderungen bei der Einhaltung der Pflichten und der Umsetzung der erforderlichen Maßnahmen auseinandersetzen.

8.4 KI-Verordnung

Der am 21.04.2021 von der Kommission vorgelegte Vorschlag für eine KI-Verordnung[12] (im Folgenden „KI-VO-E") bildet den Rechtsrahmen für eine vertrauenswürdige künstliche Intelligenz (KI) und soll die EU im Kampf um die Wettbewerbsfähigkeit in der digitalen Welt stärken.

---

[9] *Schucht* in *Klindt*, ProdSG, 3. Aufl. 2021, § 2 Rn. 26 f.; *Wiebe*, NJOZ 2017, 1178 (1179); weiter gefasstes Verständnis Leitfaden für die Umsetzung der Produktvorschriften der EU 2016 („Blue Guide"), hrsg. v. der Europäischen Kommission, 2016, Abschn. 2.3.
[10] In diese Richtung aus Sicht des § 854 BGB *Fritzsche* in BeckOK BGB, 60. Ed. 1.11.2021, § 854 Rn. 6.
[11] *Wiebe/Daelen*, EuZW 2023, 257 (258); so mit Blick auf den Entwurf einer KI-Verordnung *Wiebe*, BB 2022, 899 (900); ebenso aus Sicht des Produkthaftungsrechts MüKoBGB/*Wagner*, 8. Aufl. 2020, § 2 ProdHaftG Rn. 16.
[12] COM(2021) 206 final.

Mit Blick auf die ungebremsten Fortschritte in der Informatik und die zunehmende Verfügbarkeit von Daten ist der Aufstieg von KI keine Frage des „Ob" mehr, sondern allein des „Wann". Dabei wird Europa davon profitieren, dass die dezentrale Datenverarbeitung („Edge-Computing") in Zukunft zulasten der derzeit dominierenden Rechenzentren und zentralen Rechenanlagen voraussichtlich an Bedeutung gewinnen wird.[13] Kein unwesentlicher, weil ausführlich geregelter Bestandteil dieses Vorhabens ist die Produktbeobachtung, die dem Anbieter eines KI-Systems obliegt. Der Begriff „Anbieter" bezeichnet gemäß Art. 3 Nr. 2 KI-VO-E „eine natürliche oder juristische Person, Behörde, Einrichtung oder sonstige Stelle, die ein KI-System entwickelt oder entwickeln lässt, um es unter ihrem eigenen Namen oder ihrer eigenen Marke – entgeltlich oder unentgeltlich – in Verkehr zu bringen oder in Betrieb zu nehmen". Der Anbieterbegriff gleicht inhaltlich im Wesentlichen dem Herstellerbegriff im europäischen Produktsicherheitsrecht.[14]

Die Bedeutung der Beobachtung zeigt sich bereits in der entsprechenden Definition gemäß Art. 3 Nr. 25 KI-VO-E. Beobachtung nach dem Inverkehrbringen sind danach „alle Tätigkeiten, die Anbieter von KI-Systemen zur proaktiven Sammlung und Überprüfung von Erfahrungen mit der Nutzung der von ihnen in Verkehr gebrachten oder in Betrieb genommenen KI-Systeme durchführen, um festzustellen, ob unverzüglich nötige Korrektur- oder Präventivmaßnahmen zu ergreifen sind". Insofern ist das Begriffsverständnis weit gefasst und ähnelt vom Umfang her – anders als andere öffentlich-rechtliche Beobachtungspflichten im Nachmarkt – der zivilrechtlichen Produktbeobachtungspflicht aus § 823 Abs. 1 BGB.[15]

Versteckt hinter einem Normenkettenverweis haben Anbieter von Hochrisiko-KI-Systemen die Pflicht, ein System zur Beobachtung nach dem Inverkehrbringen als Teil eines übergeordneten Qualitäts-

---

[13] Zum Ganzen instruktiv *Hess*, CB 2023, 27 (27).
[14] Ausführlich zum Hersteller *Piovano*, Der Hersteller im europäischen Produktsicherheitsrecht, 2020.
[15] *Wiebe*, BB 2022, 899 (904).

managementsystems einzurichten, anzuwenden und aufrechtzuerhalten (Artt. 16 Buchst. b, 17 Abs. 1 Buchst. h, 61 KI-VO-E). Art. 61 KI-VO-E konkretisiert die Anforderungen an das Produktbeobachtungssystem, das im Verhältnis zur Art der KI-Technik und zu den Risiken des Hochrisiko-KI-Systems stehen muss: Es muss eine planmäßige, proaktive sowie systematische Beobachtung und Datensammlung sowie -analyse über die gesamte Lebensdauer hinweg gewährleisten (Art. 61 Abs. 2 KI-VO-E). Die Grundlage bildet dabei ein zu entwickelnder Produktbeobachtungsplan, dessen Elemente die Kommission mittels Durchführungsrechtsakts konkretisieren wird (Art. 61 Abs. 3 KI-VO-E). Ein wesentlicher Baustein eines solchen Produktbeobachtungssystems ist jedenfalls die Implementierung einer zentralen Nutzerbeschwerdestelle als Informationsquelle. Weitere Erkenntnisse zur Bewährung eines KI-Systems im Feld können sich aus automatischen Aufzeichnung von Vorgängen und Ereignissen („Protokollierung") während des Betriebs eines Hochrisiko-KI-Systems ergeben: Hochrisiko-KI-Systeme müssen gemäß Art. 12 KI-VO-E über einen Protokollierungsmechanismus verfügen, der bestimmte Daten aufzeichnet und damit eine Überwachung des Betriebs und die Rückverfolgbarkeit des Hochrisiko-KI-Systems ermöglicht.

Haben Anbieter einen begründeten Verdacht, dass ein im Verkehr befindliches Hochrisiko-KI-System nicht konform ist, haben sie die Pflicht, unverzüglich erforderliche Korrekturmaßnahmen, wie etwa ein Software-Update, zu ergreifen (Art. 21 S. 1 KI-VO-E). Die wohl schärfste Maßnahme und damit Ultima Ratio stellt der Rückruf i.S.v. Art. 3 Nr. 16 KI-VO-E dar. Ein Rückruf im engeren Sinne dürfte indes nur bei verkörperten Hochrisiko-KI-Systemen möglich sein, da eine Rückgabe von unverkörperter Stand alone-KI schwer vorstellbar ist. Eine ähnliche Wirkung haben in diesem Fall eine Löschungsaufforderung sowie eine remote-Zugriffssperrung.[16]

---

[16] *Wiebe*, BB 2022, 899 (904).

8.5 Automotive (UNECE R 155, R 156, R 157)

Die Produktbeobachtungspflicht wird insbesondere im Zusammenhang mit der Digitalisierung in der Automotive-Branche zunehmend bedeutsamer: Neben den rasanten technischen (Fort-)Entwicklungen in der nach wie vor in der Bundesrepublik Deutschland wirtschaftlich überaus bedeutsamen Branche tragen gerade die regulatorischen Entwicklungen dazu bei, dass die Produktbeobachtungspflicht an Bedeutung gewinnen wird. Darauf sollten Fahrzeughersteller und Zulieferer entsprechend reagieren.

Durch sog. UNECE-Regelungen[17] wurde bereits für vernetzte und (teil-)automatisierte Fahrzeuge festgeschrieben, dass Management-Systeme installiert werden müssen. Dadurch muss der Fahrzeughersteller bestimmte Prozesse bis zum sog. End-of-Lifecycle bzw. End-of-Service des Fahrzeugs bereithalten und dokumentieren. Just über solche UNECE-Regelungen werden technische Anforderungen für bestimmte Fahrzeuge in den gesetzlichen Regelungsrahmen auch der EU verbindlich einbezogen.[18] Die Einhaltung der betreffenden UNECE-Regelungen ist dann folgerichtig Voraussetzung für eine EU-Typgenehmigung. Besondere Relevanz für die digitale Produktbeobachtungspflicht haben die UNECE-Regelungen

- R 155 (Cyber Security),
- R 156 (Software Updates) und
- R 157 (Automated Lane Keeping Systems).

Während die UNECE-Regelung R 155 den Betrieb eines zertifizierten Cybersecurity-Managementsystems (CSMS) fordert, statuiert die UNECE-Regelung R 156 ein Softwareupdate-Managementsystem (SUMS) als Bedingung für die EU-Typgenehmigung. Die dauerhafte

---

[17] Abkürzung für engl. United Nations Economic Commission for Europe. Neben UNECE ist insoweit auch von UN/ECE die Rede.

[18] Vgl. die Artt. 34 Abs. 1, 35 Abs. 1, 57 Abs. 1, 2, 58 Abs. 1 sowie Anlage II der Verordnung (EU) 2018/858; die UNECE-Regeln basieren auf den UN-Abkommen bezüglich der Kraftfahrzeugregulierung von 1958 und 1998, bei denen die EU jeweils Vertragspartei ist.

Gewährleistung der Cybersecurity wird nur gelingen, wenn die Systeme des Fahrzeugs regelmäßig im Rahmen der Produktbeobachtung auf mögliche Sicherheitslücken hin überwacht werden. Die Installation eines Softwareupdate-Managementsystem ist schließlich die notwendige Konsequenz einer effektiven digitalen Produktbeobachtung; denn nur mit einem funktionsfähigen Update-Management können erkannte Risiken im Feld über sog. Patches behoben werden.

Eine digitale Produktbeobachtung ist ferner in der geplanten UNECE R 157 ausdrücklich vorgesehen: Sie fordert ein sog. Automated Driving Management System (ADMS) für automatisierte Fahrzeuge. Im aktuellen Entwurf der UNECE R 157 wird unter Ziff. 3.5 des Annex 4 (Safety Management System) ein Management System zur Sicherstellung der Produktsicherheit unter Einbeziehung der Cybersecurity über den gesamten Lebenszyklus des Fahrzeugs beschrieben. Hierzu heißt es in Ziff. 3.5.1, dass der Hersteller in Bezug auf die im „System" verwendete Soft- und Hardware der Typgenehmigungsbehörde in Form eines Sicherheitsmanagementsystems nachweisen muss, dass wirksame Prozesse, Methoden, Werkzeuge und Verfahren vorhanden und auf dem neuesten Stand der Technik sind, um die Sicherheit und kontinuierliche Einhaltung der regulatorischen Vorschriften während des gesamten Produktlebenszyklus zu gewährleisten.

Abschließend ist daher festzuhalten, dass für den Fall der Umsetzung dieser drei UNECE-Regelungen ein umfassendes System zur (teilweisen) Regelung einer digitalen Produktbeobachtung für vernetzte und/oder automatisierten Fahrzeuge geschaffen würde. Sinnvollerweise sollte es bereits heute antizipiert werden.

Literatur

1. *Europäischen Kommission*, Leitfaden für die Anwendung der Maschinenrichtlinie 2006/42/EG, Aufl. 2.2, 2019.
2. *Ackermann/Golling*, Entwurf einer neuen Produktsicherheits-Verordnung – Worauf sich Hersteller zukünftig einstellen müssen, ZfPC 2022, 67.

3. *Bomhard/Etzkorn*, Impulse zum Entwurf der KI-Verordnung, ZdiW 2022, 159.
4. *Bomhard/Merkle*, Europäische KI-Verordnung. Der aktuelle Kommissionsentwurf und praktische Auswirkungen, RDi 2021, 276.
5. *Bomhard/Siglmüller*, Europäische KI-Haftungsrichtlinie. Der aktuelle Kommissionsentwurf und seine praktischen Auswirkungen, RDi 2022, 506.
6. *Ebers/Hoch/Rosenkranz/Ruschemeier/Steinrötter*, Der Entwurf für eine KI-Verordnung: Richtige Richtung mit Optimierungsbedarf. Eine kritische Bewertung durch Mitglieder der Robotics & AI Law Society (RAILS), RDi 2021, 528.
7. *Ebert/Spiecker gen. Döhmann*, Der Kommissionsentwurf für eine KI-Verordnung der EU. Die EU als Trendsetter weltweiter KI-Regulierung, NVwZ 2021, 1188.
8. *Hartmann/Klindt*, Kritisches zum Kommissions-Entwurf für eine Produktsicherheits-VO, ZfPC 2022, 67.
9. *Hess*, Haftungsverschärfung für Produkte in der EU, CB 2023, 27.
10. *Roos/Weitz*, Hochrisiko-KI-Systeme im Kommissionsentwurf für eine KI-Verordnung, MMR 2021, 844.
11. *Schucht*, Das neue Recht der Verbraucherprodukte – eine Analyse des Entwurfs einer EU-Verordnung über die allgemeine Produktsicherheit, GewArch 2022, 394.
12. *ders.*, 30 Jahre New Approach im europäischen Produktsicherheitsrecht – prägendes Steuerungsmodell oder leere Hülle, EuZW 2017, 46.
13. *ders.*, 10 Jahre neue EG-Maschinenrichtlinie – Eine Zwischenbilanz zum Stand des Maschinenrechts, GewArch 2016, 106.
14. *Schucht/Berger*, Praktische Umsetzung der Maschinenrichtlinie, 2. Aufl. 2019.
15. *Wiebe*, Produktsicherheitsrechtliche Betrachtung des Vorschlags für eine KI-Verordnung, BB 2022, 899.
16. *ders.*, Anwendung des Produktsicherheitsrechts auf Verkaufsplattformbetreiber und Fulfillment-Center, NJOZ 2017, 1178.

Stichwortverzeichnis

A
After-Sales-Bereich 123
Alert-Mail, automatisch generierte 62
Analyseinstrument 91
Angemessenheit 60
Anwendung, vorhersehbare 84
App 82, 83
Assembler 31
Auditierungsverfahren 62
Automotive-Branche 160

B
Bedienungsanleitung 117
Bereich, harmonisierter 8
Beschaffenheit 120
  objektive 119
Beschwerde 23, 64
Beschwerdebuch 14, 64
Beschwerdemanagementsystem 151
Beschwerderegister 153
Beschwerdeverzeichnis 12, 60
Bewertungsportal 36, 126
Big Data 71, 72
Big-Data-Analyse 143
Black Box-Problem 93
Blockchain-Technologie 91
Blog 114
Bluetooth 87
Bugtracking 71

C
CE-Rechtsakte 9
Claim-Management 23, 69, 126
Cloud-Anbieter 86
Cloud-Computing 84
Content, nutzergenerierter 118, 121
Crawler 72

Cyberangriff 77, 89, 90
Cybersicherheit 148
Cybersicherheitsanforderungen 155

D

Darbietung des Produkts 116
Daten 28, 89, 143, 149
   personenbezogene 89, 136, 137, 141
Datenempfänger 111
Datenintermediär 127
Datenlieferant 112
Datenmarktplatz 128
Datenplattform 128
Datenraum 128
Datenschutz 129
Deep Learning 92

E

Edge-Computing 158
Einführer 33
Einwilligung 136, 138
E-Mail 23
E-Mail-Adresse 136
Embedded Software 77, 79
Entwicklungsfehler 18, 73
Entwicklungsrisiko 51
EU-Produkthaftungsrichtlinie, neue 27
EU-Typgenehmigung 160

F

Fachlektüre 61
Fachveranstaltung 68
Fachzeitschrift 68

Fahrzeug, automatisiertes 161
Fehlanwendung, vorhersehbare 84, 124
Fernzugriff 92
Foren 68, 114, 123
Freiwilligkeit 138
Fulfilment-Dienstleister 35

G

Gefahrabwendungsmaßnahme 26, 52, 96
Gefahrabwendungspflicht 94
Geschäftsführung 54
Gewährleistung 119

H

Handelsplattform 36
Händler 23, 34, 65
Hardware 28
Herausgabeverlangen 45
Hersteller 30
Herstellerverantwortung 79

I

Importeur 33
Industrie 4.0 86, 137, 146
Influencer 118
   Marketing 115
Informationsbefugnis, allgemeine 44
Inhaltedienst 36
Interesse, berechtigtes 136, 140
Internet-Intermediär 37
Internet of Things (IoT) 1
   IoT-Akteure 29
   IoT-Bereich 139

IoT-Geräte 109
IoT-Produkt 71
IoT-Technologien 2
IoT-Umgebung 86
Internetrecherche 61
Interoperabilität 81, 82
Inverkehrbringen 17, 74, 157
IP-Adresse 136
IT-Sicherheit 88, 89
IT-Sicherheitslücke 77, 90

K

Kaufentscheidung 122
Kombinationsmöglichkeiten 113
Kombinationsprodukt 87, 101
Kommentierung 121
Kommunikationsdienst 36
Konkurrenzbeobachtung 62
Konkurrenzprodukt 21, 68
Konnektivität 29, 81, 108
Koppelungsverbot 139
Künstliche Intelligenz (KI) 25, 92, 158
  KI-Anwendungen 91
  KI-System 159

M

MAC-Adresse 136
Management-System 160
Marktplatz 36
Marktüberwachungsbehörde 43, 44
Marktüberwachungsrecht,
  europäisches 10
Maschinen 147
Maßstab 69
Mediendienst 36

Meta-Universe 114
Metaverse 121
Missbrauch 125
Missbrauchsverhalten 90
Monitoring 72

N

Netzwerk, soziales 36, 68
Notification 109
Notifikationspflicht 66

O

Online-Handel 34, 35
Online-Plattform 36
Online-Spiele 36
Ordnungswidrigkeit 47, 50
Over-the-Air 68, 71, 97
Over-the-air
  Updates 109

P

Patch 97
Pflichtendelegation 130
Plattform 126
Product Security 89
Produkt
  Darbietung 116
  smartes 2
Produktkombination 62
Produktlebensdauer 157
Produktsicherheitsausschuss 54
Produktüblichkeit 120
Produktverantwortung 108
Produktwidmung 125
Pull-Modell 111

Push-Modell 111

Q

Qualitätsmanagementsystem 159
Quasi-Hersteller 31, 32

R

Rechtfertigungsgrund 140, 142
Regress 113
Reklamation 23
Remote-Produktbeobachtung 91
Remote-Stilllegung 102
Remote-Zugriff 129
Reputation 95
Risikoanalyse 63
Risikobeurteilung 149
Risikobewertung 61, 67, 95, 152
Rückruf 22, 52, 103, 160
Rückrufmanagement 69

S

Sachdaten 137
Sachmangel 119
Sanktionen 46
Schadensersatz 50
Schadensersatzanspruch 94
Schmerzensgeld 50
Schnittstellenvereinbarung 86
Sensorik, integrierte 108
Service-Provider 30
Sicherheitserwartung 116
Sicherheitsmanagementsystem 161
Sicherheitsmonitoring 8, 64
Sicherheitswarnung 22, 52, 100
Smart Home 86

Social Media 22, 114
Social-Media-Kanal 123
Software 28, 71, 74, 149
  embedded 77, 79
  integrierte 85
  stand-alone 77, 84, 94, 157
  Update 82, 97, 103, 159
Softwareaktualisierung 98
Software-as-a-Service 85
Sorgfaltspflicht 38
Stand-alone-Software 77, 84, 94, 157
Stichprobe 12, 15, 60, 62, 155
Strafbarkeit 54
Straftat 48
Suchmaschine 36
System, selbstlernendes 92

T

Testbericht 68
Trainingsdaten 93
Trivialprodukt 63

U

Unfallforschung 68
Updatability 100
Update 92
Update-Pflicht 71

V

Verantwortlichkeit, gemeinsame 143
Verbraucherprodukt 14
Vergleichsportal 36
Vergleichsstatistik 75
Verkehrssicherungspflicht 2, 38, 58

Stichwortverzeichnis

Verwendung, bestimmungsgemäße 115, 125
Verzeichnis der Beschwerden 12, 60

W

Warenausgangskontrolle 63
Warnkampagne 101
Warnung 97
Webcrawler 71
Werbeaussage 116
Werbung 120
Werkbank, verlängerte 31
Wissenschaft und Technik 20, 38, 58, 68, 70

Y

YouTube-Kanal 117

Z

Zertifizierungsverfahren 62
Zubehör, digitales 82
Zulieferer 30
Zumutbarkeit 109
Zumutbarkeitsgrenze 99, 123
Zusammenwirken 79
Zweckmäßigkeit 60

The manufacturer's authorised representative in the EU is Springer Nature Customer Service Centre GmbH, Europaplatz 3, 69115 Heidelberg, Germany. If you have any concerns regarding our products, please contact ProductSafety@springernature.com

Printed and bound by CPI Group (UK) Ltd, Croydon, CR0 4YY

23/03/2026

02076457-0011